Les cuineres

de Sils

Les cuineres de Sils

Més de 200 receptes
de cuina tradicional catalana,
senzilles, saboroses
i variades

La Magrana

Primera edició: setembre 2002

Edició i coordinació: Marta Lorés

Disseny i realització editorial: Critèria, sccl

Edicions de la Magrana, SA
Pàdua, 83 - 08006 Barcelona
Telèfon: 93 41 30 00
Fax: 93 417 01 06

Fotocomposició: Marquès, SL

Imprès a Novagràfik, SL. Pol. Ind. Foinvasa
Vivaldi, 5 - 08110 Montcada i Reixac
Ref. MAG-708
ISBN: 84-8264-410-6
Dipòsit legal: B. 23.672 - 2002

Dedicat a totes aquelles malaguanyades
companyes que al llarg dels deu anys de
La Cuina a Sils ens han deixat, convençudes
que han fet de la cuina un acte d'estima,
sovint poc reconegut.

Sumari

Introducció

Parlar de *La Cuina a Sils* és parlar d'un col·lectiu nascut a inicis de la dècada dels anys noranta amb el propòsit de recuperar i preservar el ric patrimoni gastronòmic de Sils, un municipi caracteritzat per una llarga tradició culinària, que resta en la memòria dels avis i àvies. El projecte arrancava amb un objectiu inequívoc: girar els ulls a la història i recordar què menjaven els nostres avantpassats; com cuinaven; quines possibilitats oferien l'hort, el camp i la vinya, les carns i els peixos, els cargols, les fruites, els bolets..., maneres d'amanir, de fer conserva o licor, de cuinar cada dia i de sortir-se'n de mil situacions; costums i tradicions rurals antigues, que es perden i que calia fixar. En definitiva, *La Cuina a Sils* volia deixar un punt de referència: el del record vivent que encara és pràctica habitual de certes cases i famílies, però que indefugiblement es va esvaint. El col·lectiu està constituït, bàsicament, per dones que tenen el seu nucli originari en les populars iaies de Sils (de les divuit inicials han passat a la norantena actual), persones que, amb el seu coneixement, après per tradició oral de generació en generació, aporten una múltiple i variada gamma de saviesa popular. Tot aquest conjunt d'experiències i de coneixements, tot aquest pòsit d'art de la cuina tradicional, on tothom diu la seva i amb el qual tothom se sent identificat, el projectem enfora com un valor positiu i integrador de la nostra comunitat, que oferim amb un esperit divulgador, d'amenitat i de bonhomia, perquè faci un bon profit.

La Cuina a Sils, avui, ja no és només un grup de dones. Sota aquest nom genèric, s'hi agrupen diferents entitats del municipi de Sils: les cuineres, el jovent, l'Ajuntament i els Veterans de Sils. Amb la complicitat de tots plegats, al llarg dels darrers anys hem dut a terme un seguit d'activitats amb un clar contingut gastronòmic i una irrenunciable fita que no és altra que la de lluitar per la cuina tradicional, la seva pervivència, promoció i ensenyament.

I perquè entenem que la gastronomia i, sobretot, un bon àpat ajuda a crear i a consolidar amistats, en els darrers nou anys, cada segon dissabte de juliol té lloc un sopar gastronòmic local, durant el que cada una de les cuineres del col·lectiu fa una cassola per a sis persones. La diversitat de les cassoles és absoluta i se sortegen per taules, amb la qual cosa ningú no sap amb antelació quina menjarà. Sens dubte que un dels productes casolans més preuats han estat —des de sempre que ha estat possible— les postres i, bàsicament, les coques. Per aquest motiu, per la Diada de Sant Ponç, al mes de maig, es realitza una exposició de coques casolanes, que es reparteixen al capvespre acompanyades de moscatell i cava.

Hem dut a terme diverses jornades de formació a diferents escoles d'hostaleria. Hem participat en fires: la Fira de Girona, la Fira Tast de Girona i en les que es duen a terme al Palau Robert de Barcelona. Hem organitzat sopars institucionals a Madrid dins la campanya «Girona viva» de la Diputació. Hem organitzat diverses mostres de cuina adreçades a cuiners, restauradors, gastrònoms i estudiosos, amb la finalitat de recordar als professionals la necessitat de mantenir viva la cuina tradicional. I hem participat en diversos fòrums, jornades, programes de ràdio, televisió i escoles de formació dedicades al debat i a la difusió de la gastronomia tradicional.

Finalment el col·lectiu ha editat les publicacions següents: *La Cuina a Sils* (1994 i reedició el 1998), *Les nostres receptes de cuina* (1997 i reedició el 2001), *Primer quadern de cuina* (1999), *Segon quadern de cuina* (2000) i *Recull de receptes de vedella* (2001).

Quan a la tardor del 1994 sortia a la llum el primer llibre de cuina, es feien realitat moltes il·lusions i un gran somni del col·lectiu inicial que, temps enrere, s'havia entestat a divulgar la tradició i la història culinària del poble de Sils. A partir d'aleshores res no ha tornat a ser igual. Modestament, podem admetre que l'èxit, que encara avui és vigent, fou molt notable, i lògicament ens va sorprendre de manera molt agradable. Avui, una vegada transcorreguts els primers anys i sense imaginar-nos l'èxit posterior de tot allò que fem, no podem sentir-nos més que a bastament gratificats, ja que no ens imaginàvem arribar on som.

És ben cert, però, que el treball dut a terme en aquests darrers anys per tots aquells que hem fet de la cuina de casa nostra una dedicació ens ha suposat un fet social remarcable i d'una repercussió important. La recollida de gran quantitat de receptes, les reunions de treball, les discussions i l'estudi ens permeten gaudir d'una riquesa documental de gran valor, però, al mateix temps, ens comprometen. I és segurament aquest compromís el que ens porta a treballar amb tota la il·lusió del món, amb l'objectiu de reivindicar el reconeixement de la cuina a Sils i, en general, de tota la comarca de la Selva, procurant promocionar els nostres plats, productes i manera de preparar-los.

Ja no es tracta d'allò de menjar per viure, ni de menjar el que sigui. Del que es tracta és de procurar que la nostra cuina ocupi el lloc que es mereix. De ben segur que aquesta reivindicació xoca frontalment amb les dietes i els règims, a voltes obligats per qüestions de salut, però també sovint imposats per simples raons estètiques.

D'altra banda, és ben cert que les receptes que us presentem en aquest llibre i que són bàsicament «segons» són aplicables a la tradició gastronòmica d'altres pobles de la comarca, a causa d'afinitats culturals i d'hàbits culinaris. Amb tot, cal dir que són plats immersos en una preocupant decadència i que entenem que hem de recuperar.

El lector que vulgui trobar en aquest treball un gran tractat de cuina, farcit de tesis culinàries, ho té malament: haurà d'optar per un altre llibre. No volem –ni podem– comparar el nostre treball amb els excel·lents estudis i assajos gastronòmics de Jaume Fàbrega, Manolo Vázquez Montalbán, Llorenç Torrado o del malaguanyat Néstor Luján, tots ells doctors en la matèria. També som conscients que aquest llibre no té res a veure amb els publicats per cuiners de prestigi del nostre país com Ferran Adrià, Paula Casanovas, Joan Roca, Santi Santamaría, Carme Ruscalleda, Carles Gaig i tants altres cuiners que fan de la cuina un espai de creació i sovint un art.

Conscients de les nostres limitacions, solament volem deixar constància dels cuinats de casa nostra, del nostre país, i recuperar, en la mesura que sigui possible, els cuinats dels nostres avantpassats. És, per tant, un llibre de receptes senzilles i, al mateix temps, de grans sabors.

Defugirem els productes que podem trobar actualment al mercat, com cremes de llet, formatges en crema o salses modernes ja preparades, i ens decantarem per l'anomenada cuina tradicional i antiga.
Hem de dir-vos que totes les receptes són per a 6 persones, llevat que es digui el contrari, i coneixedors que en alguna ocasió no s'especifica aquest punt, sempre emprarem per cuinar oli d'oliva i greix de porc o llard, que es podrà barrejar en la proporció que el cuiner cregui oportuna.

Ens hem inclinat per mantenir l'origen de les mesures de cada una de les autores i, per tant, els ingredients poden ser de diferents pesos, mesures i proporcions. Malgrat tot, pel que fa a la capacitat quan parlem de cullerades, s'entén que són de sopa; les culleradetes, de cafè; els gots, d'aigua, les copes, de vi, i les llossades, una llossa aproximadament. La sal i el pebre van a gust del cuiner o dels invitats. El mateix podem dir de les herbes, el safrà, l'all, el julivert o la picada.

Cal apuntar que hem procurat que la redacció del llibre es caracteritzés essencialment per mantenir una expressió popular, allunyada d'academicismes i de recursos excessivament literaris o científics. Així, per exemple, hem preferit transcriure la paraula xamfaina —amb x—, en comptes de la normativa samfaina amb s. I no és de nou gratuït afirmar que els veritables protagonistes d'aquest llibre són les persones que amb renovada il·lusió han fet possible el recull de receptes. L'autor només s'ha limitat a ordenar un munt d'informació que de ben segur configurarà una part important de la història de Sils.

Així, doncs, agraeixo en gran manera la col·laboració i l'ajut de Dolors Aragay, Montserrat Aymerich, Rosa Bardalet, Carmen Barrios, Salut Bayé, Mercedes Balbas, Teresa Bardalet, Núria Batlle, Rosa Brugué, Pilar Barnés, Maria Busquets, Joaquima Boades, Rosa M. Moreno, Roser Alabert, Francesca Casellas, Rosa Carreras, Carme Canaleta, Rosa Ciurana, Maria Casas, Pepeta Carós, Pepeta Domingo, Dolors Duch, Mercè Domingo, Consol Faro, Assumpció Font, Dolors Massó, Dolors Fullà, Antònia Garcia, Carmen Galan, Montserrat Grau, Maria Gispert, Rosa Gispert, Pilar Martí, Dolors Montgé, Dolors Mas, Antònia Massas, Josefa Muñoz, Rosario Martí, Julia Manero, Joana Casas, Angelina Oller, Pilar Pratsevalls, Núria Pera, Maria Pol, Joaquima Puig, Julita Panosa, Teresita Gomis, Maria Roca, Anna Ribas, Montserrat Rabert, Mercè Rabert, Francesca Rabassa, Carme Riera, Isabel Ruhi, Carme Subirana, Dolors Sors, Maria Solà, Maria Salip, Mercè Serra, Montserrat Torrent, Carmen Reyes, Rosa Taberner, Pepita Vall-llosera, Maria Vall-llosera, Rosa Valls, Maria Vergés, Maria Zuferri, Joaquima Pujol, Engràcia Soler, Anna Escolà, Maria Colomo, Francisca Colomo, Carme Camós i Gràcia Ruiz.

Avui, doncs, ens sentim joiosos de poder fer-vos arribar a les vostres mans un recull de receptes que hem recuperat amb la voluntat de preservar la cuina tradicional i autòctona, i ens sentirem plenament satisfets si us serveixen per oferir als vostres convidats un bon àpat.

Xicu Anoro

Tècniques de la cuina de Sils

La picada i el sofregit

El nostre suport culinari

La picada

La majoria dels nostres plats amb suc –bacallà amb patates, platillos, aviram amb salsa, etc.– milloren d'una manera extraordinària quan hi afegim la picada. Podem fer la picada tal com us expliquem. En un morter de marbre comencem picant el safrà assecat, després dos alls petitets amb un pensament de sal, quaranta grans d'ametlles i avellanes un pèl torrades (i prèviament pelades), un mica de canyella en pols i julivert. Remullem la picada amb unes gotes d'aigua i per ajudar que s'esmicoli més hi afegim dos trossos de pa sec remullats amb un xic de vi ranci. Una vegada tot plegat hagi esdevingut una pasta, ho dissolem en una mica d'aigua bullent o amb part de la salsa del guisat, ho aboquem tot i ho deixem coure amb la cassola tapada.

Aquesta és una picada que us proposem, i malgrat que sempre tindrem el dubte de saber si la picada que habitualment feu és com la proposada, hem d'aclarir-vos d'entrada que de cap de les maneres no heu de pensar que la vostra està mal feta. Cal que tinguem clar que la millor picada és la que els de casa i els nostres companys de taula han escollit al llarg dels anys. Per tant, podem estar convençuts que la nostra és la millor i que, a banda de la nostra, se'n fan altres, moltes altres.

En el recull de receptes que us presentem podem veure com a mínim propostes de tots els gustos, components i variants, des d'una picada amb solament dues nous fins a la més complexa que us podeu imaginar, amb ametlles, pinyons, avellanes, galetes, julivert, etc. I això vol dir que una picada és correcta i l'altra, no? Doncs, no. Senzillament vol dir que algunes famílies s'han acostumat a una picada que els agrada i que no volen canviar. A voltes aquests costums vénen de generacions anteriors condicionades pels productes que tenien al seu abast llavors. És molt fàcil d'imaginar que els veïns que vivien a pagès i solament tenien avellanes com a grana fessin ús d'aquest producte i no d'un altre per fer la picada, sense haver de preocupar-se de res més sinó que la picada fos del grat de la gent de casa o dels comensals a qui anava adreçat l'àpat. La resta no importava.

Així, doncs, com podeu veure la picada es pot fer de la manera més comuna i tradicional, amb all, julivert i ametlles, o afegint-hi tot allò que vulgueu. El ventall és molt ampli i només cal que apliqueu allò que vulgueu i allò que us agradi; això és el més important.

El sofregit

«Per fer un sofregit cal no tenir pressa, perquè l'elaboració ha de ser lenta, com a mínim una mitja hora, i encara més si se'n vol fer més quantitat.

»S'agafa la cassola, s'hi posa una mica d'oli i ceba tallada no gaire petita, un all tallat petit, i es posa a foc lent. S'hi tiren dues cullerades d'aigua quan la ceba s'haurà enrossit. Si es vol s'hi pot posar una mica de farina. En acabat, s'hi afegeix la tomata i quan s'ha begut tot el suc ja tens el sofregit espès a gust de cadascú.»

Aquesta recepta que ens explicava la Maria Busquets en el llibre de *La cuina a Sils* (1994), com podreu veure a les receptes, també té un gran nombre de variants. Mentre que la base sempre és la ceba i el tomàquet, uns hi afegeixen pa fregit; uns altres, licor; altres, julivert, farigola, all, etc., i fins i tot en algun cas passen el sofregit per la batedora perquè quedi molt més cremós.

Tornem a insistir que la nostra pretensió no és dir com ni quants elements ni quant sofregit és el correcte. Cadascú el fa com li va bé, però cal saber que hi ha d'altres maneres de fer-lo.

Rostir, coure, guisar, adobar

Maneres diferents de cuinar

Rostir

Es tracta potser de la manera més antiga utilitzada per l'home per posar a punt els aliments, i consisteix, en termes generals, a sotmetre la peça elegida a l'acció de la calor perquè la deixi daurada exteriorment i amorosa i sucosa interiorment.

En general, si són peces de carn magre, i si és que es vol, podem farcir·les amb tires de cansalada o pernil i lligar·les per aconseguir que agafin una forma bonica. En les peces de xai dures, hi introduïm algun all pelat o les freguem amb l'all per fora. Si són de porc, també és bo de fregar·les amb all cru.

Es posa una cassola grossa de fang, que sigui fonda, sobre el foc amb una cullerada de llard i s'hi fregeix la carn, amb una polsada de sal, fins que agafi un color un xic pronunciat; s'hi afegeix com a amaniment aromàtic una cabeça d'alls, una branqueta de canyella, un xic de farigola, orenga, llorer i algun gra de pebre.

Donem voltes a la carn, de manera que quedi ben rossa per tots els costats amb el foc no gaire alt; ho ruixem amb un got de vi blanc o conyac, tapem la cassola i deixem que es vagi coent a poc a poc, afegint·hi aigua a mesura que la salsa o el suc es vagin reduint. S'ha de cuidar així fins que la carn sigui tendra i el suc que desprèn esdevingui substanciós. En aquest punt, retirem les herbes seques i la canyella. Per servir·ho, es talla la carn a talls regulars, es col·loquen en una plata i s'hi tira per sobre el suc que prèviament haurem passat pel colador.

Amb qualsevol acompanyament, els rostits resultaran sempre plats molt suculents.

Coure

És una altra de les tècniques bàsiques de cuina, que consisteix a sotmetre els aliments que es tracten a l'acció d'un líquid: aigua, caldo, vi, llet, etc., bullint·los fins que agafin el punt desitjat.

Les diferents fórmules de cocció varien d'acord amb l'ingredient, l'estri emprat i el resultat que es vulgui aconseguir. Així, si es pretén fer un caldo substanciós, haurem de posar els ingredients en fred perquè el suc que desprenen amari bé el líquid; mentre que si es vol conservar el sabor i les vitamines, és imprescindible introduir la peça elegida en el líquid bullent.

Coccions especials

Escalfat: consisteix a submergir l'aliment en líquid bullent amb sal durant uns minuts en un recipient destapat. S'usa especialment amb ous.

Escaldat: és un pas previ per a altres preparacions que serveix per estovar

la peça. El temps d'immersió en el líquid bullent és mínim i es fa servir especialment amb verdures, com ara pebrots o tomàquets, i amb carns, com ara potes i crestes d'aus, per retirar la pela més ràpidament.
Bany Maria: es fa servir sobretot per a preparacions delicades i consisteix a posar els aliments en un atuell que s'encaixa dintre d'un altre amb aigua bullent. Per fer bullir l'aigua cal posar l'atuell sobre el foc o en el forn i és un mètode especialment adequat a l'hora de preparar flams, púdings, salses i altres plats.

Guisar

És de ben segur la feina més profundament arrelada a la nostra cuina tradicional. El guisat és una fórmula culinària molt imaginativa que engloba, de manera genèrica, un gran nombre de plats preparats a foc lent dins d'un ambient humit i tancat.

Es tracta d'una tècnica senzilla que va a cavall entre el coure i el rostir, perfecta per a peces de caça, hortalisses, llegums i peces de carn contundent, que entren a la cassola acompanyats de diferents condiments, verdures i vins, rics en contrastos d'aroma i sabor.

El guisat només exigeix un bon atuell de fons gruixut i tapa ajustada i obre el camí a una llarguíssima llista de combinacions on juguen en perfecta harmonia els productes. Permet aprofitar un gran nombre d'aliments que d'altra manera resultarien insípids o durs i és origen de plats universals com per exemple la llombarda amb pomes, cua de bou amb patates o peixos amb salsa, entre molts altres.

Així es fa
Cru: posem els ingredients triats a la cassola amb una mica de greix; els mullem amb líquid –caldo o aigua– calculant-ne la quantitat d'acord amb les característiques de cada aliment i ho condimentem. Ho apropem al foc, ho tapem i deixem que es faci molt lentament fins que tot plegat sigui ben tou.
Sofregit: sofregim les verdures triades com a base –generalment cebes i alls–, hi afegim la peça principal sencera o feta a trossos, ho rossegem, ho salpebrem i ho mullem amb aigua, caldo o vi. Reduïm el foc i deixem que es cogui afegint-hi els diferents acompanayaments segons el temps de cocció.

El guisat més tradicional i més emprat a casa nostra, però, és l'anomenat *estofat*: cuinat fet en una cassola quasi hermètica, a foc molt lent i amb un mínim de líquid.

Adobar

L'adob o la marinada tenen com a objectiu principal accentuar els sabors, estovar els aliments i conservar-los en bon estat per mantenir-ne les característiques.

L'adob és una barreja líquida amb la qual es cobreix o es ruixa els aliments, on participen hortalisses riques en sabor —com alls i cebes—, elements àcids —com oli, llimona, vi i vinagre— i espècies, condiments i substàncies aromàtiques que s'encarreguen de donar un toc diferenciador.

L'únic element que no té un lloc en l'adob és la sal, que reservem per al moment de la cocció, ja que si la poséssim al començament es menjaria el suc de la peça i la deixaria resseca i poc saborosa.

Així es fa

Si es pensa adobar durant més de 24 hores convé sofregir lleugerament els alls i les cebes en una mica d'oli per evitar que es facin agres. S'hi afegeixen els elements líquids i els condiments elegits. Es posa la peça a adobar en una plata de ceràmica o una cassola de fang. Es posa per sobre

Recepta antiga per fer vinagre

Quan el vi comenci a fer-se agre, el podem aprofitar per fer un vinagre, que queda molt bo. A quatre litres de vi, un d'aigua i nou cigrons crus, hi afegim una tasseta d'aigua tèbia, ho deixem ben tapat i al cap de 6 mesos tindrem un vinagre superior.

l'adob fred o calent en una quantitat suficient perquè resti coberta per complet. Es tapa amb un drap de fil i es deixa en una zona fresca de la casa, però no a la nevera, ja que l'excés de fred solidifica l'oli.

Es deixa reposar i se li dóna voltes de tant en tant amb una cullera de fusta. En aquest punt és bo de recordar que el metall no és bon amic dels adobs, ni tampoc les mans, ja que les diferents temperatures podrien espatllar l'adob.

A cada peça el seu adob

Les característiques dels aliments demanen un temps i uns elements diferents: així, les fruites es conformen amb un bon vi. Els peixos es troben a gust amb suc de llimona i herbes aromàtiques; la caça demana menys vi i més oli i vinagre per estovar-la i suavitzar-ne el sabor, i les carns i aus de granja, menys saboroses, necessiten vi de qualitat perquè agafin bona aroma.

El temps, en general, se situa en un mínim de 24 hores per a la caça i peces dures, malgrat que d'altres poden necessitar entre 30 minuts i 8 hores, tot depén de com sigui la peça.

Costelles de porc

Es piquen quatre o cinc grans de pebre negre juntament amb un gra d'all i mitja culleradeta de farigola; s'hi afegeix el suc d'una llimona i dues cullerades d'oli, es barreja tot plegat i s'unten ben bé les costelles. Es deixen reposar durant una hora i es cuinen.

Advertiments

Totes les receptes són per a 6 persones, llevat que s'indiqui el contrari.

Algunes han participat en les jornades gastronòmiques locals i altres són aportacions de les autores voluntàries i fora del context de les activitats de la festa.

Coneixedors que en alguna ocasió no s'aclareix aquest punt, sempre emprarem per cuinar oli d'oliva i greix de porc o llard, que es podrà barrejar en la proporció que el cuiner cregui oportuna.

Hem decidit mantenir l'origen de les mesures de cada una de les autores i, per tant, els ingredients poden ser de diferents pesos, mesures i proporcions. Malgrat tot, pel que fa a la capacitat, quan parlem de cullerades, s'entén que són de sopa; les culleradetes, de cafè; els gots, d'aigua, les copes, de vi, i les llossades, una llossa aproximadament.

La sal i el pebre –sempre negre– van al gust del cuiner o dels invitats. El mateix podem dir de les herbes, el safrà, l'all, el julivert o la picada.

Què coem i amb què

Cassola, olis, greixos, alls, ceba, herbes i altres

Cassola

Tot bon cuiner que se'n consideri és capaç d'improvisar el recipient necessari per a cada tasca i cada moment, però no hi ha dubte que el treball resultarà molt més fàcil i ràpid si compta amb els estris adequats. Guisar, coure, rostir o estofar, per posar uns exemples quotidians, són tècniques de cuina que es poden fer amb un cassó, una cassola o un pot;

però si es vol aconseguir un punt exacte pel que fa a l'escalfor o si els elements que hem de cuinar exigeixen condicions especials, no podem defugir comptar amb tots aquells estris necessaris per assolir l'èxit de la cuina amb el mínim esforç.

De cassoles, com se sap, n'hi ha un fotimer: de vapor, per coure peix, per al bany maria, la paella, etc. Però la cassola tradicional i de més ús a casa nostra ha estat de sempre la cassola de fang. La cassola de fang és la protagonista de moltíssims plats, als quals dóna un toc especial; manté llargament l'escalfor i evita l'ús d'altres plates, ja que es pot posar directament a la taula.

L'inconvenient d'aquesta cassola és que és molt fràgil i tendeix a trencar-se amb l'escalfor.

Olis

No cal dir que l'oli està profundament lligat a la nostra cuina, com en tota la cuina mediterrània, malgrat que avui presenta una gran varietat de classes per poder satisfer qualsevol tipus de necessitat i gust.

Però ens cal recordar una vegada més que l'oli que ha participat en la nostra cuina local d'una manera més continuada ha estat el d'oliva, que ja en temps antics ens el portaven de l'Empordà i a granel. Era, i és encara, un element que es caracteritza per una aroma profunda i una gran capacitat de resistir temperatures altes. Els diferents graus de refinament en condicionen l'ús posterior; així el verd pàl·lid és perfecte a l'hora de preparar amanides i moltes salses, mentre que el de to groc i menys aromàtic és l'ideal per fregir. Encara n'hi ha d'altres, però ara no ens hi estendrem.

El greix de porc i els greixons

Aquests productes del porc, anomenats també llard i llardons, que actualment són molt fàcils de trobar en els distribuïdors habituals com ara carnisseries i altres establiments, antigament eren habituals en quasi totes les cases de pagès, bàsicament perquè gairebé tothom criava porcs per a consum propi.

Jaume Fàbrega, a l'obra *El llibre del porc*, ens diu: «El llard és el producte generat a partir de la fusió de la cansalada i el que serveix per cuinar i conservar, etc.». Segons el *Diccionari de la llengua catalana*, el llard és el «greix tret per fusió del sagí del porc», i el llardó, «qualsevol dels trossos de sagí que resten després d'extreure'n el llard». Sense voler treure la raó a aquestes definicions, em cal puntualitzar que nosaltres anomenem greix o llard a la fusió i barreja tant del sagí com de la cansalada, però cal tenir en compte diverses coses.

Per fer el greix, i sempre partint de la matança del porc, una vegada escorxat i buidat de totes les peces importants: llom, costelles, pernils, etc., agafem la cansalada, en traiem la cotna i en fem daus d'uns tres centímetres; els posem en una greixonera (estri que antigament era de zinc, i que actualment pot ser d'alumini, ferro o algun altre material, i que ha de ser prou grossa perquè s'hi pugui fondre tota la cansalada), amb una mica d'aigua perquè no s'enganxin, i els deixem fondre fins que agafin una mica de color. Seguidament retirem el greix fos i el posem en pots de vidre. Alguns trossos que resten a la greixonera els passem per una premsa, i en surten els llardons o greixons premsats, que anomenem pa de llardons i que sovint mengem sense res més. Els que no passem per la premsa ens serviran per anar picant, com a acompanyament de mongetes fregides i altres plats.

El greix del sagí, hem de tenir cura de fer-lo per separat, ja que es fon molt més ràpidament i no lligaria amb l'altre. Després els podem barrejar o no, però cal dir que els gustos són diferents.

L'all

L'all és un condiment profundament aromàtic de gran arrelament a la nostra cuina, on forma part d'innombrables receptes com a potenciador del sabor i també com a protagonista principal.

L'all és present en salses, guisats, picades, amanides, etc. És un element quasi omnipresent, d'aroma penetrant i sabor fort i picant, que canvia segons si es prepara cru, cuit, fregit, rostit, picat, sencer, etc.

Els usos de l'all són diversos i variats. Els tendres tenen un gran paper en truites i amanides, o solament sucats amb un grapat de sal; els bulbs i les seves dents són presents durant tot l'any i són la base de sopes, salses, sofregits, picades, etc.

Idees per a l'all

Torrades: torrem les llesques de pa, les freguem amb all, les ruixem amb oli d'oliva i hi afegim un polsim de sal.

Pa amb all i oli: preparem un allioli, untem les llesques de pa i les posem al forn a gratinar.

Per a l'oli: esmicolem diversos grans d'all i les posem en un pot amb oli, on les deixem diversos dies en repòs. Farem servir l'oli per a amanides i torrades.

Truites: tallem els alls en filets, els daurem en oli calent i els barregem amb els ous batuts per fer la truita.

Amanides: tallem un gra d'all per la meitat amb la qual untem la plata de l'amanida abans de posar-hi els ingredients.

Trucs amb l'all

L'olor d'all a la boca la traurem mastegant uns grans de cafè o una branqueta de julivert.

L'all resulta més digestiu i retorna menys si el partim per la meitat i en traiem la part central de color verd que porta a l'interior.

Els alls es pelen més fàcilment si els aixafem una miqueta amb un cop sec de la mà.

Per picar els alls sense que saltin a l'hora de fer una picada, no hi ha res millor que tallar-los i afegir-hi una miqueta de sal.

L'olor que deixen els alls en el ganivet la podem treure fàcilment mullant-lo bé amb aigua i fregant-lo després amb el marro del cafè.

Per treure l'olor d'all de les mans, cal que ens les freguem amb julivert i després ens les rentem.

La ceba

Aquest important bulb, d'aroma i sabor característics, té una llarguíssima història culinària amb un cultiu que es remunta a l'antiguitat. És una peça fonamental a la cuina tradicional i actual, i és un element bàsic per donar sabor a qualsevol tipus de plat.

La ceba, present durant tot l'any a casa nostra, ens permet fer les preparacions més diverses: crua, fregida, cuita, farcida, estofada, al caliu..., i, a més, és un condiment en nombrosos plats i salses.

El seu cultiu ha donat pas a diferents varietats que es distingeixen pel sabor, la mida i el color.

La blanca és la més corrent i és útil per fer tota classe de preparacions al foc.

La tendra és perfecta per fer a la brasa i per fer amanides.

La francesa, petita i blanca, resulta adequada per acompanyar estofats, guarnicions i rostits.

No cal dir que, actualment, al mercat en podem trobar d'altres formes i gustos característics, però els habituals a la nostra cuina resten coberts amb els anomenats anteriorment.

Elecció i conservació de la ceba

Tota bona ceba es coneix perquè ha de ser pesada, atapeïda i amb les capes exteriors perfectament adherides. Si presenta taques, arrels o en tocar-la sembla tova o fins i tot molla, és preferible que la rebutgem. És una hortalissa fàcil de conservar, sempre que la mantinguem lluny de la calor, la humitat i la llum. La part menys freda de la nevera o un bon rebost són un bon lloc per a aquest aliment.

Coses de la ceba

Si no voleu plorar quan peleu les cebes, feu-ho de manera que acabeu de pelar-les per l'arrel. O peleu-les sota un raig d'aigua freda o rentant-vos les mans sovint. O escaldeu la ceba uns minuts amb aigua bullint.

El sabor picant es redueix deixant la ceba, una vegada pelada i picada, durant un temps amb vinagre.

Per sofregir-la i que resti amb més suc, el millor és tirar-hi una mica de sal.

Per a l'olor apliqueu-hi els mateixos trucs que amb l'all.

Si la ceba ha de ser l'únic acompanyament de la peça que cuinareu, fregiu-la lentament afegint-hi una miqueta d'aigua; això us ajudarà que es cogui millor i, a més, quedarà més amorosida.

Herbes aromàtiques a casa

La majoria de les herbes són fàcils de cultivar en un test a casa; d'aquesta manera sempre en tindrem a mà. Les herbes seques, que cal guardar en pots de tap hermètic, allunyats de la llum i de la humitat, ofereixen una aroma i un sabor més pronunciats, per la qual cosa n'aconsellem un ús més moderat. El julivert, per fer guisats, cal incorporar-lo picat, perquè si el fem sencer i es crema no dóna bon gust al plat.

Herbes

Les herbes aromàtiques formen part d'una amplíssima família de plantes riques en aromes, fàcils de trobar, conservar i cultivar. Milloren i complementen el sabor i les característiques de qualsevol plat i li proporcionen un toc de personalitat diferent.

Les herbes més emprades són:

El llorer, molt aromàtic, té un lloc segur entre el cuinats, les salses i els adobs, tant de carns com de verdures i peixos.

La farigola, de sabor intens, un xic acre, forma part, juntament amb el julivert i el llorer, del ramet d'herbes aromàtiques que s'usa per condimentar cuinats, farcits, salses i estofats.

L'enorme varietat d'herbes aromàtiques, que no tractarem aquí, ens permet que sempre tinguem la més adequada per a qualsevol plat.

El romaní, d'aroma penetrant amb un lleuger deix de pi, s'utilitza preferentment en cuinats de xai i pollastre.

El julivert, molt refrescant, és una herba imprescindible en salses verdes, farcits, sopes i cuinats de peixos, carns i verdures. Va bé amb quasi tot.

Receptari

Primers

Escalivada

Ingredients
- pebrot vermell
- albergínia
- cebes
- tomàquets
- patates
- olives negres

L'escalivada, la farem al caliu, és a dir, a les brases. Emboliquem amb paper d'alumini cada peça per separat, després d'untar-les amb oli. Les posem sobre el caliu fins que siguin toves per tots els costats. Quan ja siguin cuites, les posem, sense desembolicar, en una plata, les cobrim amb un drap i les deixem refredar. Quan ja siguin fredes, pelem els pebrots i tallem les albergínies a tires llargues i fines, que anirem situant en una safata. La ceba i el tomàquet, els tallem a manera de grills i les patates, a rodanxes. Quan ja estigui tot ben posat ho guarnim amb les olives negres i ho amanim amb sal, oli i vinagre.

Faves

Ingredients
- 1 kg i mig de faves desgranades i tendres
- 400 g de cansalada viada
- 1 botifarra negra gruixuda
- 2 cebes grosses
- oli
- menta al gust
- llorer al gust
- sal
- sucre

Posem oli en una cassola de fang i l'escalfem. Quan sigui calent hi sofregim la ceba tallada petita i la cansalada tallada també petita. Quan comencin a daurar-se, hi posem la botifarra tallada a trossos i les faves.

Ho deixem fer tot plegat uns quants minuts i després hi afegim les herbes. Hi posem la sal i un polsim de sucre i anem remenant les faves tota l'estona. Hi afegim una mica d'aigua i deixem coure les faves, sacsejant-les de tant en tant, procurant que no es desfacin. Quan les faves siguin toves, ho rectificarem de sal, si cal, i ho deixarem acabar de coure.

En alguns casos, en la mateixa recepta s'incorporen unes gotes d'anís, però això va a gust del consumidor.

Pèsols

Posem a escalfar en una paella oli i llard a parts iguals. Quan sigui calent hi posem trossejada la costella de porc, les botifarres i la vedella. Un cop acabat de coure, ho reservem a part en una cassola de fang.

A la paella de fregir la carn i amb el seu suc, fem un sofregit amb les cebes tallades petites, i quan siguin rosses hi afegim els tomàquets ratllats i una miqueta d'aigua. Ho deixem reduir i, una vegada els sofregit sigui ben fet, el posem a la cassola on hem deixat la carn juntament amb les cebes tendres i les branques de menta fresca. Hi afegim els pèsols nets, i quan els pèsols siguin cuits també hi posem una picada feta amb els dos grans d'all i les ametlles.

Cal servir-ho a taula amb la mateixa cassola de fang.

Ingredients

- 250 g de costella de porc
- 3 botifarres de carn crua
- 100 g de vedella
- 6 cebes petites tendres
- 3 cebes mitjanes
- 4 tomàquets mitjans madurs
- menta fresca
- sal
- pebre
- llorer
- oli
- llard
- 14 ametlles
- 2 grans d'all

Arròs amb bacallà

Ingredients

- 500 g d'arròs
- 250 g de bacallà
- 250 g de pèsols
- 6 carxofes
- 1 pebrot vermell
- 1 grapat d'olives sense pinyol
- 1 llimona
- 3 grans d'all
- oli
- pebre
- sal

Passem el bacallà sense remullar sobre la flama; seguidament el rentem diverses vegades amb força aigua, li traiem la pell i les espines i el trossegem.

Eliminem les puntes i les fulles exteriors de les carxofes, les remullem amb el suc de la llimona i les tallem en quatre parts cada una.

En una cassola de fang escalfem l'oli i posem els alls pelats a fer fins que siguin ben daurats. Hi afegim les carxofes, deixem que es facin una mica i seguidament hi posem el bacallà, el pebrot trossejat i els pèsols. Hi donem un tomb i hi afegim l'arròs.

Llavors deixem fer una mica l'arròs remenant-lo, hi posem el pebre que creiem convenient i hi afegim l'aigua bullent —sempre una mica més del doble d'arròs. Ho deixarem coure al foc rectificant-ho de sal —recordem que el bacallà que hi posem no és dessalat— durant 8 minuts aproximadament.

Posem la cassola al forn a una temperatura mitjana aproximadament 30 minuts. A mig fer tastem el punt de sal. Acabada la cocció, ho deixem reposar i finalment ho adornem amb les olives abans de servir el plat.

Caldo de malalt

Ingredients
- 1 pit de gallina
- 1 ala de gallina
- 1 coll
- sal

Posem tots els ingredients en una olla amb quatre litres d'aigua, procurant de treure la pell del coll de la gallina. Ho deixarem coure fins que el caldo s'hagi reduït a la meitat. En aquest moment, el caldo ja està preparat per prendre'n una tassa.

En el mateix caldo, hi podem posar una mica de pa tallat ben fi i ja tenim una sopa de caldo, que abans era l'única cosa que podien prendre els malalts i les parteres.

A les parteres, se'ls donava aquest caldo colant-lo amb un drap de fil perquè no hi quedés cap lluna.

Sopa de verdures

Ingredients
- 1 porro
- 1 ceba
- 1 tomàquet
- 2 pastanagues
- 1 carbassó petit
- 2 patates
- coliflor (poca)
- 1 branca d'api

Rentem bé les verdures i les pelem per posar-les al foc en una olla amb aigua suficient per cobrir-les. Hi posem sal i les deixem bullir fins que siguin cuites.

Una vegada cuita, podem optar per menjar-nos la verdura amb el suc (si inicialment l'hem tallada petita) o amanida amb oli per acompanyar un tall. Amb el suc podem fer una sopa de fideus, o també una sopa de pa escaldada.

Sopa de menta

Ingredients

- aigua
- pa (si pot ser la crosta)
- sal
- oli
- menta

Posem en una olla amb aigua el pa i el deixem bullir. Al cap d'una bona estona el triturem amb la batedora i hi afegim sal, oli i un brot de menta. Ho deixem coure tot una estona més, i ja tenim la sopa preparada.

En ocasions, la menta es deixa dins la sopa en servir i de vegades es retira abans de servir. També hi podem posar ous i remenar-los un cop dins del suc. És també aconsellable que el pa sigui de dies anteriors, sobretot si és pa de pagès.

Sopa de farigola

Ingredients

- 1 ramet de farigola
- 2 ous
- 2 grans d'all
- pa sec
- oli
- sal

Posem una olla al foc amb l'aigua, la sal i el ramet de farigola, i deixem que faci un bull aproximadament 10 minuts.

Colem l'aigua i retirem la farigola. A l'aigua que hem colat, hi afegim el pa sec, un raig d'oli d'oliva i els grans d'all. Ho deixem coure tot plegat durant mitja hora. Si cal, ho rectifiquem de sal i hi afegim els ous batuts. Tot seguit, batem el pa fins que ens quedi ben fi i servirem la sopa ben calenta.

Truita de salsafís amb botifarra negra

Ingredients

- salsafís
- botifarra negra
- ous
- oli
- sal

Cal que tinguem salsafís ja preparats per fer les truites. Per això cal que pelem els salsafís rascant-los, tenint cura de posar-los amb aigua tot seguit perquè quedin foscos o negrosos. Els posem a bullir amb aigua salada, procurant que no quedin massa bullits, i els deixem refredar. Ara ja tenim els salsafís a punt.

Tallem la botifarra negra a rodanxes no gaire grosses i les passem per la paella. Quan siguin fetes hi afegim els salsafís també tallats a rodelles, ho deixem fer una miqueta i seguidament hi afegim els ous batuts ja salats. Deixem coure la truita fins que ens quedi ben rossa, i ja està a punt.

Cal anar amb compte amb la sal que posem als ous, perquè el salsafí sempre té tendència a endolcir la truita.

¿Què passa amb els ous?

Si volem saber si un ou és fresc sense trencar-lo, el submergim en un pot amb aigua freda. Si sura, ja el podem llençar. Els ous frescos són aspres i els vells llisos i brillants. És recomanable conservar-los en posició vertical i a temperatura ambient.

Es poden menjar: durs, cuits amb closca durant 10 o 12 minuts i deixant-los refredar amb aigua freda. Passats per aigua entre 3 i 5 minuts sense que l'aigua bulli, per evitar que es trenqui la closca. Ferrats, arrebossats, com a acompanyament de sopes, guisats o salses, etc.

Ous a la cassoleta

Ingredients

- 12 ous
- 3 botifarres de carn crua
- 2 tomàquets mitjans madurs
- 1 ceba grossa
- oli
- sal
- mantega

Posem a sofregir la ceba trinxada en un paella i, quan sigui cuita, hi afegim els tomàquets ben trinxats. Ho deixem fer lentament i, quan el sofregit ja estigui, hi afegim les botifarres sense pela i les desfem a la mateixa paella fins que quedin cuites i desgranades. Ho salem tot plegat al gust i ho reservem.

Preparem sis cassoletes de fang i les untem amb mantega. Col·loquem la botifarra i el sofregit de la paella a cada cassoleta, repartint-ho tant com puguem, i hi posem també tres daus petits de mantega. Seguidament, hi afegim dos ous i col·loquem les cassoletes al forn, salant els ous per sobre. Deixem fer els ous tenint en compte que han de quedar amb la clara cuita i el rovell cuit però líquid.

Si volem, en comptes de botifarra podem fer servir qualsevol carn picada.

Plats únics

Senglar estofat

Ingredients

- 1 kg i mig de senglar
- 1 kg de patates
- 12 cebes petites
- 2 pastanagues
- 2 tomàquets
- alls
- 12 ametlles
- oli
- sal

Tallem, salem i enfarinem el senglar, i seguidament el fregim en una paella o cassola, amb oli ben calent. Un cop ben daurat, el retirem i el guardem. Aprofitant l'oli de daurar el senglar, fem un sofregit de ceba. Quan la ceba sigui ben cuita i rossa, hi afegim el tomàquet, i un cop reduït hi tirem les cebes petites i les pastanagues tallades a rodanxes, hi afegim el senglar que havíem retirat i ho cobrim amb aigua bullent. Ho tapem i ho deixem a foc ben baix.

Mentrestant, pelem les patates i, tallades a daus, ben netes i escorregudes, les passem per la paella amb oli. Un cop fregides, les salem i les afegim al senglar. Finalment, fem una picada d'all i ametlles torrades, la incorporem al senglar i deixem que bulli tot junt. Un cop rectificat de sal, ja tenim el plat a punt.

La carn de caça major

Aquesta carn és molt nutritiva, però el seu sabor fort i la seva fermesa no la fan gaire aconsellable per a la dieta de la gent amb problemes digestius, cardíacs, etc. Una vegada que s'ha dessagnat i escorxat, la carn s'ha d'airejar i posar en adob amb verdures, espècies i herbes aromàtiques.

El senglar és una de les peces més preuades, sobretot si la carn és d'un senglar jove, ja que la dels adults és dura i estireganyosa.

Cassola de peix amb patates

Posem l'oli a la cassola, rostim una mica les cebes i les retirem. Esqueixem les patates, les rostim una mica i les retirem. Passem les gambes per la cassola, tomba i tomba, i les reservem. Seguidament, tallem les sípies a tires i les posem a la cassola. Tallem els calamars a rodanxes i els posem amb la sípia i la fulla de llorer. Deixem que es cogui fins que s'hagi begut l'aigua i hi tirem una cullerada de farina per sobre. Ho remenem una mica.

Hi posem les patates i les cebes que tenim reservades, la pastanaga a làmines, els pebrots a tires i el tomàquet en quatre trossos. Ho remenem una mica i hi afegim tres gots d'aigua, el got de vi blanc, el suc dels musclos (que haurem obert abans), sal i pebre. Deixem la cassola al foc fins que bulli i, mentrestant, escalfem el forn fins a 240 °C. Posem la cassola al forn, i al cap de 15 minuts hi aboquem els musclos. Ho deixarem 15 minuts més i, finalment, hi posem les gambes ben posades per sobre. Ho empolvorarem amb all i julivert trinxat i tornarem a posar la cassola al forn fins que les patates siguin cuites. Ho rectificarem de sal i pebre, si cal.

Ingredients

- 3 cebes petites per persona
- 3 patates mitjanes per persona
- 2 sípies
- 8 calamars mitjans
- 4 gambes per persona
- 750 g de musclos
- 1 fulla de llorer
- 1 cullerada de farina
- 1 pastanaga
- 1 pebrot vermell mitjà
- 2 pebrots verds petits
- 2 tomàquets madurs
- 3 gots d'aigua
- 1 got de vi blanc
- sal i pebre
- all i julivert trinxat
- 1 got petit d'oli

Cassola de tros

Ingredients

- 250 cargols
- 1 conill
- 6 botifarres
- 3 talls de ventresca fresca
- 6 talls de costella de porc
- 3 cebes
- 3 tomàquets

Rentem el cargols i els posem a bullir 5 minuts. Fem un sofregit de ceba i tomàquet abundant i posem a coure els cargols en una cassola a foc molt lent durant 2 hores.

Tallem el conill a trossos petits, la costella, la botifarra tallada a trossos i la ventresca tallada a daus. Tot plegat ho sofregim a la paella.

Fem un caldo amb les verdures i la carn que s'esmenten en els ingredients. Una vegada fet el caldo el colem i l'afegim a la cassola dels cargols amb tota la carn. Hi afegim una picada d'ametlles, alls i julivert i ho deixem coure tot plegat 1 hora més.

Col, patata i cansalada

Posem una olla al foc amb aigua abundant i un pols de sal amb les fulles de col, que prèviament haurem rentat; cal afegir-hi les patates pelades i tallades a daus més aviat grossets.

Quan tot sigui cuit, ho escorrem. Posem una paella al foc amb oli, hi fregim la cansalada i, quan sigui cuita, la retirem i la guardem. En el mateix oli, s'hi posa la col i la patata i, un cop passada una bona estona, hi incorporem la cansalada.

Ingredients

- 1 col grossa
- 1 kg de patates
- aigua, sal, oli
- una xulla de cansalada viada per cap

Un bon acompanyament

Moltes vegades amb un plat senzill com el de col i patata, un bon acompanyament és un detall agraït.

És per això que un platet de pebrot escalivat i en conserva farà que ens surti un sopar o un dinar reeixits. Per fer-lo caldrà que anteriorment i amb temps escaliveu pebrot; a mesura que escalivem els pebrots a la brasa, els anem col·locant en una olla tapada perquè treguin l'aigua; els pelem, els fem a tires i els posem en pots de vidre petits, on repartirem el suc que treuen. Finalment hi afegim oli d'oliva sol i tot seguit una mica d'oli de cirereta. Aquest oli de cirereta li donarà un gust fort que, segons la quantitat que en poseu, serà més o menys suportable al paladar. Seguidament, posem els pots al bany maria, els retirem i els reservem per servir com a acompanyament més endavant.

Mongetes amb marisc

Ingredients

- 600 g de mongetes del ganxet
- 600 g de cloïsses gallegues
- 6 escamarlans
- 6 gambes
- 6 llagostins
- 1 bitxo verd en conserva
- 3 grans d'all picats
- un trosset de bitxo vermell
- 1 got de vi blanc sec
- julivert

Posem a coure les mongetes amb aigua freda i, quan hagin arrencat un bull, les escorrem, les tornem a posar a l'olla cobertes amb aigua freda i les deixem coure a foc lent fins que estiguin a punt. Les assaonarem quan els falti poc per estar fetes. Es recomana deixar-les reposar una bona estona tapades i fora del foc.

Posem oli en una cassola de terrissa i hi ofeguem els alls trinxats. Tot seguit hi incorporem els bitxos en més o menys quantitat —segons si ens agrada el picant—, el marisc i el vi. Ho deixem tapat i a foc lent fins que s'obrin les cloïsses. En aquest punt, hi posem les mongetes no gaire escorregudes i continuem la cocció entre 5 o 10 minuts damunt del foc o bé en el forn perquè es barregin els gustos i les aromes.

Ho empolvorem amb el julivert trinxat i ho servim seguidament en la mateixa cassola.

Mongetes i bròquil amb botifarra

La nit abans posem les mongetes en remull. Les posem a bullir amb abundant aigua freda, sal i la cabeça d'alls. Una mitja hora abans que siguin cuites hi afegim el bròquil tallat, procurant que no es desfaci. Un cop cuit, ho escorrem i ho mantenim calent.

Fem coure les botifarres i ho servim tot al mateix temps, però separadament.

Les millors mongetes per fer aquest plat són les del ganxet, malgrat que també el podem fer amb les de Santa Pau o fins i tot amb fesolets.

Una altra variant seria que després de bullides, els féssim un tomb per la paella, amb un xic de cansalada o llard de porc. Per coure les botifarres és aconsellable punxar-les perquè no es rebentin.

Ingredients

- 600 g de mongetes
- 1 bròquil mitjà
- 6 botifarres
- 1 cabeça d'alls
- aigua
- oli i sal

Botifarra amb conill i pèsols

Ingredients

- 1 conill i mig
- 4 botifarres
- 1 kg de pèsols
- 1 copeta de conyac
- 1 raig de moscatell
- 1 ceba grossa
- 3 tomàquets petits
- mitja pastanaga
- 15 ametlles
- 4 avellanes
- 1 carquinyoli
- oli i sal

Fregim el conill, prèviament salat, i les botifarres en una cassola de fang. Quan sigui una mica cuit, hi afegim el conyac i el moscatell, i ho deixem fer fins que els licors s'hagin evaporat. Reservem el conill i les botifarres i, a la mateixa cassola i amb el mateix oli, hi fem un sofregit amb la ceba, els tomàquets i la pastanaga, però hi afegim una mica d'aigua perquè el sofregit es faci bé.

En el moment que el sofregit ja estigui a punt, hi tornem a posar el conill reservat, i hi afegim la quantitat d'aigua que calgui per cobrir solament la meitat del conill. Ho deixem coure fins que el conill estigui quasi fet. Seguidament, hi posem els pèsols i les botifarres i ho deixem coure fins que els pèsols siguin cuits. Si els pèsols són congelats, abans de posar-los a la cassola, els saltarem en una paella amb una mica d'oli fins que hagin lliurat una mica d'aigua. Abans d'acabar el cuinat, cal incorporar-hi la picada de les ametlles, les avellanes i el carquinyoli.

Abans de servir a taula, cal que tallem les botifarres com ens sembli millor i que presentem la cassola.

Pèsols amb conill, mandonguilles i vedella

Un cop tallats els conills, els salem i els posem en una cassola amb un xic d'oli. Els deixem daurar. Fregim la vedella i les mandonguilles prèviament enfarinades. Quan tot sigui cuit, ho retirem i, a la mateixa cassola, hi fem el sofregit.

Per fer el sofregit, hi posem dues cebes ben trinxades i, quan comencin a daurar-se, hi afegim el tomàquet triturat. Ho deixem fins que sigui ben cuit.

Quan ja tinguem el sofregit, hi afegirem els conills, les mandonguilles i la vedella, i una mica d'aigua. Tot plegat ho deixem coure uns 30 minuts.

Després hi posem els pèsols i la picada, feta amb les ametlles, els pinyons, els alls, el julivert, els dos fetges de conill i les galetes (tipus maria), i ho tornem a deixar coure 30 minuts més.

Ingredients

- 2 conills
- 12 mandonguilles
- 500 g de vedella
- 1 kg i mig de pèsols
- 2 cebes
- 300 g de tomàquets
- 100 g d'ametlles i pinyons
- 2 galetes (tipus maria)
- all i julivert
- 2 fetges de conill
- oli
- sal

Fideus a la cassola

Ingredients

- 500 g de fideus
- 500 g de costella
- 2 grans d'all
- 1 pebrot verd
- 1 ceba mitjana
- 1 tomàquet gros i madur
- caldo o aigua

Posem una cassola al foc amb oli i hi rossegem la costella, feta a talls petits. L'enretirem i fem un sofregit amb la ceba i l'all ben picats, el pebrot a trossets i, finalment, el tomàquet pelat i esmicolat ben fi. Deixem que es confiti bé, i hi afegim la costella, els fideus i el caldo calent, fins que siguin cuits (de 15 a 20 minuts, aproximadament). Ho tastem de sal. Han de quedar una mica sucosos.

Com podem comprovar, és ben senzill i econòmic. Això no vol dir que no hi puguem afegir el que vulguem, com ara salsitxes, pèsols, etc. També, no cal dir-ho, es pot fer el mateix amb peix, o bé amb tots dos components.

Una altra variant la trobarem en la possibilitat de fer, per un costat, el sofregit amb la costella i, per l'altre, els fideus bullits a part, perquè, quan ja siguin cuits, puguem afegir-ho tot plegat i deixar-ho un xic de temps tot junt, rectificant-ho de sal segons el gust.

Les pastes

Les pastes, ens les hauríem de menjar immediatament un cop cuites. Si volem que una pasta com els fideus se'ns conservi forta i dura, després de bullida la passarem per abundant aigua freda i la deixarem en aigua freda en una cassola o un pot. D'aquesta manera la pasta s'inflarà una mica, però pot aguantar unes quantes hores sense estovar-se.

Hi ha qui diu que la pasta s'ha de coure amb un bon raig d'oli perquè no s'enganxi. Malgrat tot, si tenim cura de no interrompre mai el bull, ni en el moment de tirar-hi la pasta, aquesta, sense l'oli, tampoc no s'enganxarà.

Com coure els cigrons

En primer lloc, si els cigrons són secs hem de posar-los en remull durant tota la nit. Després de posar-los en remull, cal rentar-los i canviar l'aigua tres o quatre vegades, i posar-los a bullir en una altra aigua. Quan comenci a arrencar el bull, llencem l'aigua i n'hi afegim de nova i definitiva. Si els volem acompanyar d'algun altre condiment, aquest serà el moment d'afegir-lo. Cal recordar que la sal no hem de incorporar-la fins que estiguem a punt de treure l'olla del foc, que no ha de bullir més d'uns 5 minuts, i que la cocció l'hem de fer de manera lenta. Si els cigrons són de l'any, el temps de remull i de cocció ha de ser sempre més reduït.

Pota i tripa amb cigrons

Ingredients

- 500 g de cigrons
- 12 peus i 3 tripes
- 200 g de botifarra crua
- 1 cabeça d'alls
- 200 g de cansalada
- 1 bitxo
- 2 fulles de llorer
- 3 cebes
- 3 tomàquets picats
- 250 ml de caldo de carn
- 2 pastanagues
- 1 porro
- oli i sal

Posem la nit abans mig quilo de cigrons en remull amb aigua freda.

Fem bullir, en una cassola amb aigua, la cabeça d'alls, sal i dues fulles de llorer. Quan bulli, cal afegir-hi els cigrons remullats. Deixem-ho bullir 2 hores llargues.

En una cassola a part, mentre bullen els cigrons, posem a escalfar dues cullerades soperes d'oli, la ceba picada i dos trossets de bitxo, fins que tot quedi ben daurat. A continuació, hi afegim la cansalada i 150 g de botifarra crua, tallada a la juliana, i tres tomàquets triturats.

En una altra cassola i durant 2 hores llargues, fem coure els peus i les tripes amb aigua, juntament amb la pastanaga, el porro i les herbes. En acabat, traiem els peus i les tripes i ho trossegem.

Afegim els trossos de peus i tripes a la cassola on hi ha la cansalada amb la llonganissa, ho remenem bé i ho deixem coure amb un litre i mig de caldo de carn a foc lent durant 10 minuts.

Finalment, barregem els cigrons amb les tripes i els peus i ho deixem a foc lent durant 10 minuts.

Sang i perdiu amb patates

Ingredients

- 2 perdius
- 1 kg de patates
- 500 g de sang
- 1 ceba grossa
- 5 grans d'alls
- 12 ametlles torrades
- 1 cullerada de farina
- pebre
- sal
- oli
- tomàquet

Posem al foc una cassola amb oli i hi sofregim la perdiu, que haurem tallat en talls petits.

Mentrestant, escalfem l'oli i, quan sigui molt calent, hi tirem la ceba tallada molt petita. Quan la ceba sigui rossa, hi posem tres o quatre cullerades de tomàquet i, un cop fet el sofregit, ho afegim tot a la cassola on hi ha la perdiu.

A la cassola, s'hi ha d'afegir un litre d'aigua i les patates tallades a daus. I encara quedarà més be si prèviament les fregim en una paella amb força oli. Així tindran més cos i no seran tan toves.

Fem una picada de quatre o cinc grans d'all i dotze ametlles torrades, i quan estigui feta hi barregem una cullerada sopera de farina. Posem una mica d'aigua en el morter, ho removem i ho aboquem tot plegat a la cassola. Cal afegir-hi un pols de pebre i sal.

Finalment, fregim la sang a trossos en una paella i la tirem a la cassola.

Quan tot ja és a la cassola, ha de bullir 1 hora o 1 hora i mitja.

Què és la sang i perdiu i com es prepara

Anomenem perdiu la freixura, en aquest cas, la freixura del xai.

Per netejar bé la perdiu, cal netejar bé el canyó (la tràquea) de l'animal; per fer-ho, s'ha d'obrir per la meitat i seguidament escaldar-lo amb aigua bullent. A l'interior de la tràquea hi ha una pela que s'ha de treure perquè quedi millor. Bullim la perdiu o freixura tot seguit fins que la trobem tendra al tacte. La perdiu ja està preparada per cuinar-la amb el que vulguem.

Per preparar la sang, piquem cansalada, una mica d'all, julivert i remenem sense parar per afegir-hi la sang del xai i que quedi tot ben lligat. Si es vol, al final de la barreja, hi podem afegir una picada. Cal tenir cura que l'estri que s'empri per fer aquest plat sigui ample i que no sigui d'un gruix superior a un dit.

Faves estofades

Ingredients

- 2 kg i mig de faves desgranades i molt tendres
- 6 talls de botifarra negra
- 6 talls de cansalada
- 4 cebes tendres
- 3 alls tendres
- 1 tomàquet gros
- sal

En una olla rostim una mica la cansalada i la botifarra, els alls ja nets, les cebes i el tomàquet, sense deixar que es facin massa. Hi afegim les faves i les coem al vapor fins que siguin a punt de servir (aproximadament 25 minuts).

Per aconseguir la millor cocció, cal tapar l'olla (preferiblement de fang) amb un plat soper ple d'aigua. De tant en tant, cal remoure les faves sacsejant-les i sense remenar-les amb res.

A aquesta recepta, hi podem afegir qualsevol mena d'herba, julivert, llorer o all tendre, però mai no hi ha de mancar la menta.

La botifarra ha de ser de qualitat, gruixuda, o millor l'anomenat peltruc, que té més bon gust i no es desfà.

Cargols

Cargols amb marisc

Ingredients

- 150 cargols
- 2 cebes grosses
- 3 tomàquets madurs i grossos
- 2 botifarres
- 1 kg i mig de sípia
- 500 g de boques
- 500 g de gambeta
- 200 g de cloïsses
- mig cap de rap
- 1 fulla de llorer
- mig got de vi
- sal
- pebre

Per a la picada

- 8 grans d'all
- un grapat d'ametlles
- un tros de pa fregit
- oli
- mig bitxo

Bullim els cargols amb una cabeça d'alls i una fulla de llorer. Seguidament escorrem bé els cargols.

Fregim la sípia a trossos fins que quedi ben daurada.

Fem un sofregit de ceba i tomàquet, i abans no sigui massa cuit hi afegim les dues botifarres sense budell, el pebre, mig got de vi i ho deixem reduir una mica. Tot plegat ho passem per la picadora.

Amb el cap de rap, en fem un caldo. Posem en una cassola els cargols, la sípia, les boques i el sofregit picat, i ho cobrirem amb el caldo.

Ho tapem bé i, quan arrenqui el bull, abaixem el foc i ho sacsegem (no ho hem de remenar amb cap estri). Passada una hora hi afegim la picada, les gambetes i les cloïsses, i ho tornem a tapar.

Ho deixem mitja hora més al foc. Llavors ja estarà llest per servir-ho.

Cargols a la palla

Fem una capa de palla i hi posem una estesa de fulles de col amb la part interior cap amunt, sobre la qual col·loquem els cargols. Tot seguit, els cobrim amb més fulles de col, aquest cop amb la cara interior cap avall, i finalment fem una nova capa de palla a sobre, que pot servir de base, si volem, a un altre conjunt de col i cargols, i així successivament.

Una vegada acabada l'operació, hi calem foc i un cop consumit, els cargols estaran al seu punt.

Com preparar els cargols

Preparar-los és molt més fàcil del que es pot creure. El cargol ha de passar per un procés de dejuni i neteja que el deixa llest per coure'l. El dejuni només és necessari si s'han recollit fora del període hivernal, i consisteix a deixar-los 10 o 12 dies en una zona fosca, embolicats amb un drap que canviarem de tant en tant o posats en una xarxa. La neteja es fa passat el dejuni, rentant-los amb aigua abundant amb vinagre i sal i repetint l'operació almenys sis vegades, fins que l'aigua surti ben neta.

Cargols ofegats

Ingredients

- 150 cargols
- mig conill
- 300 g de costella de porc
- 150 g de carn picada
- 500 g de sípia
- 6 salsitxes
- 1 kg de musclos
- 100 g d'escopinyes
- 6 gambes o llagostins
- ceba
- tomàquet
- llorer
- pebre

Rentem els cargols ben nets, escollim aquells que tinguin la closca més forta i els posem a bullir amb aigua. Quan arrenqui el bull, els escorrem i els tornem a rentar traient tota l'escuma que hagin fet. Els posarem una altra vegada al foc i els bullim amb unes fulles de llorer i sal durant 1 hora i mitja aproximadament.

En una cassola a part, hi posem oli i sofregim tota la carn (deixant a part la carn picada i les salsitxes) amb sal i pebre. Quan aquesta carn quedi ben rossa, la traurem i hi posarem les gambes; els farem un tomba i tomba i també les traurem. Amb el mateix oli sofregim la ceba tallada ben petita a foc ben baix, perquè vagi agafant color a poc a poc. Seguidament, hi posarem la sípia, prèviament enfarinada, i, un cop sofregida, hi afegirem el tomàquet i finalment la carn picada i les salsitxes.

Quan s'hagi cuit una mica més, hi posem la costella amb una mica d'aigua, per evitar que s'agafi. Llavors, hi afegim els cargols, que tindrem nets i escorreguts. Hi afegim també una picada de dos grans d'all, tres brins de safrà, ametlles, pinyons i una espurna de xocolata negra ben picada. Finalment, hi posem els musclos i les escopinyes, que haurem obert al vapor, juntament amb el suc que hagin desprès.

Cargols a la llauna

Rentem els cargols (de closca forta), els bullim una estona i els deixem reposar perquè perdin l'aigua.

Fem un sofregit de ceba i tomàquet. Coem a part una botifarra desfeta.

Una vegada tenim els cargols a la llauna, els posem una gota d'oli a cadascun i, amb una cullereta, posem la meitat del sofregit als cargols (un per un). La resta del sofregit el posem barrejat amb la botifarra picada, i ho pressionem amb un escuradents perquè la salsa entri més endins.

Els coem a foc lent al forn (si disposem de forn amb termòmetre, a 160°) durant 45 minuts.

Ingredients

- 300 cargols
- 1 botifarra
- 3 tomàquets
- 3 cebes
- oli
- sal
- pebre

Cargols amb sípia

Ingredients

- 450 cargols
- 1 kg de sípia
- 1 ceba mitjana
- 3 tomàquets grossos
- 15 ametlles
- 3 grans d'all
- oli
- sal
- pebre

Posem els cargols en una olla amb aigua freda i la fem escalfar lentament. Quan bulli l'aigua, els traiem, canviem l'aigua i els acabem de coure fins que estiguin al punt.

En una cassola amb bastant oli, sofregim la ceba de tal manera que no quedi gaire rossa, i hi afegim el tomàquet i la sípia tallada a la mida que vulguem. Ho deixem fer tot plegat fins que la sípia sigui ben cuita.

Seguidament, hi posem els cargols, els deixem fer una bona estona i finalment hi afegim una picada d'ametlles i grans d'all. Ho deixem coure 5 minuts més i ja estarà a punt per servir.

Una altra manera de fer els cargols

Hem de rentar els cargols diverses vegades amb aigua i vinagre, fins que hagin tret bé les bavalles. Quan siguin nets, els bullim amb sal.

En una cassola posem oli i ceba ben picada, i quan està ben sofregida i daurada, hi afegim els cargols sense el suc, i els anem tombant perquè agafin el gust de la ceba. Piquem uns quants alls amb una galeta i el pebre que vulguem (tot i que aquest plat ha de ser fort de pebre). Amb el caldo de bullir els cargols, desfem una picada; llavors ho afegim tot a la cassola i ho deixem bullir una estona. Servim els cargols tot seguit.

Cargols ofegats amb marisc

Posem els cargols en una olla amb aigua i amb el foc ben baix. Quan hagin bullit 2 minuts, els retirem del foc i els rentem. Els posem de nou a l'olla juntament amb una tassa petita d'oli i els tornem a posar al foc. Hi afegim una ceba i dos tomàquets tallats a trossos, la cabeça d'alls, el pebrot, el llorer i aigua o caldo. Ho deixem coure 1 hora i mitja.

En una paella saltarem les gambes i les retirarem. Després farem el mateix amb els popets. En una cassola fem el sofregit amb la resta de cebes i el tomàquet. Quan estigui a punt, hi tirem els popets i els deixem coure fins que siguin tous. Hi afegim els cargols, les gambes i la picada, feta anteriorment. Ho deixem coure durant 15 minuts.

Ingredients

- 300 cargols
- 1 kg de gambes
- 1 kg de popets
- 3 cebes
- 5 tomàquets
- 1 cabeça d'alls
- 1 pebrot vermell
- 1 fulla de llorer
- oli, sal i pebre
- caldo de peix

Per a la picada

- 10 ametlles
- 1 gra d'all
- un trosset de pa remullat amb llet

Cargols guisats

Ingredients

- 300 cargols
- 300 g de bacallà remullat
- 1 ceba mitjana
- 3 grans d'all
- 2 tomàquets mitjans
- mig got de vi blanc
- 1 cullerada de farina

Rentem els dos quilos de cargols diverses vegades amb aigua. Després els posem amb aigua freda de manera que quedin coberts i els posem a foc lent fins que comencin a sortir de la closca. Aleshores apugem immediatament el foc al màxim perquè el bull els sorprengui. Escumem l'aigua, hi afegim un ramet de farigola i sal i els deixem coure durant mitja hora. En una cassola de fang sofregim una ceba mitjana picada amb abundant oli d'oliva. Quan sigui daurada, hi afegim també els alls picats i els tomàquets ratllats. Quan el sofregit estigui a punt, hi aboquem mig got de vi blanc i el bacallà esqueixat remullat sense dessalar, perquè servirà de sal al sofregit.

Afegim els cargols a aquesta preparació, escampem per sobre una culleradeta de farina i ho anem remenant fins que aconseguim lligar bé la salsa. Deixem coure la farina durant 5 minuts, i en el moment de servir-los hi afegim pebre negre.

Cargols amb conill i sípia

Bullim els cargols amb dues fulles de llorer i sal, els escorrem i els reservem. Posem oli en una cassola grossa i rossegem 4 o 5 grans d'all, que traurem i guardarem. Tallem el conill, el salem i el rossegem a la cassola, i també el reservem quan estigui fet.

En la mateixa cassola fem un sofregit amb les cebes i uns grans d'all i, quan aquest sofregit ja sigui ros, hi posem el tomàquet i ho deixem coure bé. Seguidament, hi posem el conill, les sípies tallades petites, els cargols, la picada, un raig de conyac, aigua, pebre i sal. Ho deixarem coure 45 minuts. La picada la farem amb els alls rossos, el julivert i les ametlles.

Ingredients

- 2 kg de cargols
- 1 conill
- 2 sípies
- 2 cebes grosses
- 4 tomàquets madurs
- 1 cabeça d'alls
- 2 tasses d'oli
- llorer
- julivert
- ametlles
- sal
- pebre
- conyac

Com coure els cargols

Per coure'ls podem seguir dos procediments diferents; en qualsevol cas és important posar-los en aigua freda i escalfar-los molt lentament per evitar que es tanquin en si mateixos.

Els posem al foc en aigua freda, i quan l'aigua comenci a bullir la canviem i repetim l'operació tres vegades. Finalment els condimentem i els coem durant 1 hora.

Una altra manera de coure'ls és posar-los al foc en un cassó amb aigua freda i el condiment, i fer-los bullir molt lentament; llavors els coem durant 2 hores.

Bacallà i altres peixos

Bacallà a la llauna

Ingredients

- 6 trossos de bacallà grossos
- 2 tomàquets
- 3 alls
- julivert
- 200 g de mongetes
- 1 got d'aigua
- ametlles
- 2 cullerades de vi blanc
- pebre negre
- 1 nyora
- llorer i farigola
- farina
- 1 ceba
- oli i sal

El bacallà ha de ser de qualitat, i l'hem de tenir en remull durant 13 hores. Cal canviar l'aigua tres vegades i guardar l'última aigua per aprofitar-la.

En una cassola, hi posem oli i quan sigui calent hi posem el bacallà enfarinat. Quan sigui mig fet el retirem. Després hi anem afegint la ceba, la nyora, els alls, el julivert i la farigola. Ho remenem bé, perquè es faci tot per igual i, posteriorment quan la ceba sigui quasi fregida, hi afegim el vi, el tomàquet i ho deixem bullir durant 3 minuts.

En un morter, hi aixafem les ametlles, l'omplim amb l'aigua que guardàvem de l'últim remull del bacallà i ho posem també a la cassola, junt amb la salsa i el pebre negre.

A continuació, i quan comenci a bullir, hi posem el bacallà procurant que quedi ben col·locat i completament cobert per la salsa. Quan hagi bullit 5 minuts a foc lent, farem la segona part de la recepta.

En una llauna posem el bacallà i, tot al voltant, les mongetes i ho recobrim amb la salsa. Llavors ho posem tot al forn, que ha de ser una mica calent, durant 20 minuts. Passat aquest temps, ho deixem reposar una estona llarga i ho servim.

Parlem del bacallà

El bacallà pot ésser consumit fresc o salat, però la cuina de casa nostra té més tirada per aquesta última fórmula, tant per la facilitat de comprar-lo i de conservar-lo, com per la varietat de preparacions que permet.

Si comprem el bacallà sencer, cal tenir en compte que ha de ser flexible, de color blanc i sense gaire sal acumulada a la superfície. Si el comprem a trossos, la carn ha de ser blanca, llisa i, com el sencer, no ha de tenir la superfície endurida per la sal.

És important, a l'hora de comprar-ne, acudir a les botigues de confiança i, si pot ser, que venguin força, en les quals el perill que algunes peces quedin oblidades o emmagatzemades de manera prolongada és mínim.

Bacallà amb gambes

Ingredients

- 12 talls de bacallà
- 12 gambes
- 1 ceba
- 1 tomàquet
- caldo de peix
- ametlles
- alls
- julivert
- safrà

Primer de tot, cal enfarinar el bacallà, fregir-lo i posar-lo en una cassola de fang. Hem de passar les gambes per una paella i, un cop fet això, col·locar-les a la cassola juntament amb el bacallà. A part, sofregim la ceba i el tomàquet. Quan el sofregit estigui al punt, hi afegim el caldo de peix, ho fem bullir tot i ho passem pel colador xinès. Tot seguit, ho posem a la cassola amb el bacallà i les gambes.

En un morter, piquem les ametlles, els alls, el julivert i el safrà i ho incorporem tot a la cassola. Ho deixem bullir durant alguns minuts, fins que la salsa s'hagi reduït. Passat aquest temps, el plat està a punt per servir.

Bacallà amb panses i ou dur

Ingredients

- 2 talls de morro de bacallà per persona
- 500 g de panses
- 2 cebes grosses
- 500 g de tomàquets
- 1 got de vi negre
- 50 g de pinyons
- 6 ous durs
- farina
- oli i sal
- julivert

Posem les panses en remull. Enfarinem i fregim el bacallà en una cassola, i el reservem tot seguit. En el mateix oli preparem un sofregit amb la ceba i el tomàquet i, un cop el sofregit estigui a punt, hi afegim un raig de vi negre.

Posem els talls de bacallà al sofregit amb una mica d'aigua i hi afegim les panses i una picada dels pinyons i el julivert.

Ho deixem coure tot plegat uns 10 minuts més i, abans de servir-ho, hi posem els ous durs tallats per la meitat.

Bacallà amb patates

Ingredients

- 600 g de bacallà
- 2 kg de patata blanca
- 2 cebes
- 4 grans d'all
- oli
- 1 bitxo
- pebre vermell dolç
- 1 l i 250 ml d'aigua

Escalfem l'oli en una paella. Quan sigui ben calent, hi tirem el bacallà tallat a daus perquè quedi ben daurat. Quan sigui ben fregit, el retirem del foc.

En una cassola a part, hi posem, quan l'oli sigui calent, la ceba picada i dos trossos de bitxo. Quan la ceba sigui rossa, hi afegim les patates tallades a trossos i les remenem juntament amb la ceba. Hi tirem una culleradeta de pebre i ho remenem contínuament. Al cap d'alguns minuts hi afegim un litre i quart d'aigua calenta i salada i ho posem al foc fort fins que bulli. Després hi incorporem el bacallà i deixem la cassola a foc lent durant 20 minuts, o fins que les patates siguin cuites, i ho rectifiquem de sal.

Bacallà amb ceba

Ingredients

- 1 kg de bacallà
- 1 gra d'all
- 1 ceba grossa
- oli
- 2 cullerades de farina
- un pols de colorant
- 6 ous durs

En una cassola de fang, hi posem a fregir el bacallà (que haurem arrebossat amb farina) i quan sigui daurat el retirem i el reservem.

En el mateix oli, hi fregim la ceba, ben esmicolada, i l'all. Quan la ceba comenci a ser cuita, hi afegim dues cullerades de farina i, en el moment que comenci a agafar color, hi afegim prou aigua per cobrir el bacallà. Hi posem una mica de colorant i ho salem al gust.

Posem el bacallà a la salsa i el deixem coure durant 10 minuts. En el moment de treure la cassola del foc, hi afegim l'ou dur tallat a rodanxes.

Bacallà amb patates i carxofes

Ingredients
- 12 talls de bacallà
- 1 kg de patates
- 500 g de carxofes
- 6 ous durs
- oli d'oliva

Per a la picada
- alls
- julivert
- 12 ametlles
- pebre en gra

En primer lloc, tallem les patates a rodanxes no gaire primes. Les carxofes les tallem en quatre talls i les posem a bullir.

En una paella amb oli, fregim les patates i les retirem. Seguidament, amb el mateix oli, fregim les carxofes arrebossades amb farina i també les retirem. Finalment, fregim el bacallà, que prèviament hem remullat i arrebossat amb farina.

Amb una mica d'oli nou, fregim una picada d'alls, julivert, ametlles i una mica de pebre en gra.

En una cassola posem les patates, el bacallà i les carxofes; a sobre hi tirem la picada, ho cobrim tot amb aigua i deixem que faci xup-xup.

Finalment, hi afegim els ous durs, que serviran, a més, per guarnir la cassola i els plats.

Bacallà amb panses i pinyons

Tenim el bacallà, tallat, dessalat i escorregut. Enfarinem els talls, els fregim i els guardem.

Posem una cassola de terrissa al foc amb una mica d'oli i sofregim la ceba i el tomàquet sense que ens quedi massa ros. Hi afegim el bacallà, una mica d'aigua, les panses i els pinyons. Deixem que faci xup-xup una mitja hora, a foc suau. Ho rectifiquem de sal, si cal, i abans de treure-ho del foc hi tirem una picada d'ametlles.

Cal recordar de tenir mitja hora abans els pinyons i, sobretot, les panses en remull.

Ingredients

- 1 kg de bacallà remullat
- 1 ceba grossa
- 2 tomàquets madurs
- un grapat de panses
- un grapat de pinyons
- un grapat d'ametlles
- farina
- sal
- oli
- aigua

La patata

Disposem, a la cuina de casa nostra, d'un seguit d'elements sovint presents en una gran part de plats, i un d'aquests és la patata, tan apreciada com valuosa pel que fa al seu valor nutritiu Un tubèrcul fàcil de cultivar i barat, i difícil de substituir, ja que s'empra en guisats, sopes, amanides, truites, ja sigui fregida, saltada o al forn. Per evitar que es desfacin durant la cocció, és aconsellable posar-les amb aigua freda i fer que bullin lentament. Una altra forma de coure-les és, un cop pelades i eixugades, posar-les en un cassó amb prou aigua freda perquè les cobreixi, una mica de llet freda i sal. Quan arrenquin el bull, abaixarem el foc i les deixarem coure mitjanament durant mitja hora. Aquesta estona dependrà del tipus de patata.

Esqueixada de bacallà

Ingredients

- 350 g de bacallà
- 2 tomàquets de fer amanides
- 1 ceba
- 1 pebrot vermell
- 150 g d'olives negres
- vinagre
- sal
- oli

Posem el bacallà amb aigua freda i l'hi deixem de 2 a 3 hores (ha de quedar lleugerament salat).

L'escorrem, el rentem, n'eliminem les pells, el trossegem i el deixem escórrer en una plata. Hi afegim la ceba pelada i tallada a tires, el pebrot rentat i trossejat i el tomàquet rentat i tallat a daus.

Llavors ho barregem tot plegat i tastem el punt de salat; ho reguem amb un raig d'oli, hi afegim unes gotes de vinagre, ho removem i ho posem 1 hora a la nevera per macerar-ho.

Hi tirem les olives i ho servim a taula.

Bacallà amb peix i ous durs

Ingredients

- 12 talls de bacallà
- 6 ous dus
- 2 calamars
- 18 musclos
- 18 escopinyes
- 2 tomàquets
- 4 grans d'all
- julivert
- 1 llesca de pa de barra
- 12 ametlles
- 50 g de pinyons
- safrà en branca
- farina, oli i sal

Posem la paella al foc amb bastant d'oli. Fregim el pa i dos grans d'all. Ho traiem i ho guardem per a la picada.

Enfarinem el bacallà i els calamars tallats a rodanxes i ho fregim. Quan sigui ros, ho traiem i ho posem en una cassola amb els ous durs, els musclos i les escopinyes obertes.

Fem la picada amb els alls cuits, el pa fregit, els alls crus, el julivert, les ametlles, els pinyons i el safrà. Ho tirem a la paella amb l'oli de fregir el bacallà. Quan sigui una mica ros, hi tirem el tomàquet pelat i triturat i el vi. Ho deixem coure una mica i, seguidament, ho posem tot a la cassola, a sobre el bacallà. Si cal, hi afegim una mica d'aigua perquè cobreixi el bacallà. Deixem que faci xup-xup durant una estona i ja ho podem servir.

Bacallà salvetà

Ingredients

- 12 talls de bacallà
- 100 g de panses de Corint
- 100 g de pinyons
- 12 ametlles torrades
- 2 cebes
- 300 g de tomàquets
- 2 pomes
- 1 tassa de caldo de peix o aigua
- 1 llesca de pa fregit
- farina
- oli
- pebre
- sal

Posem el bacallà en remull i li canviem l'aigua tres vegades abans de començar a coure. Les panses les hem posat en remull 2 hores abans. Escorrem el bacallà, n'assequem els trossos, els enfarinem i els fregim amb oli. Els escorrem bé l'oli i els reservem.

Escaldem les pomes durant 2 minuts amb aigua bullent. Les traiem, les pelem, les tallem en quatre trossos, els en traiem el cor i, de cada tros, en fem tres parts.

Piquem la ceba ben petita i la fregim a poc a poc a la paella fins que quedi tova i sense haver agafat color. Pelem el tomàquet, després d'haver-lo escaldat durant 2 minuts amb aigua bullent.

Afegim el tomàquet trossejat a la paella amb la ceba. Quan hagi reduït una mica, hi afegim les panses ben escorregudes i els pinyons. Després, el caldo o l'aigua, la sal i el pebre, ho tapem i ho deixem coure 10 minuts.

En un morter, fem la picada amb les ametlles i el pa, i afegim la pasta resultant a la salsa, juntament amb el bacallà i la poma. Ho deixem coure durant 10 minuts i ho servim calent.

Bacallà amb penques de carxofa, patata i ou dur

Ingredients

- 600 g de bacallà
- 1 kg de patates
- 1 kg de penques de carxofa
- 6 ous
- 4 grans d'all
- farina
- julivert
- 12 ametlles
- 12 pinyons
- 2 claus

Fregim el bacallà, que hem remullat i dessalat prèviament.

Tallem un quilo de patates a làmines i les fregim una mica.

Agafem un quilo de penques de carxofes, les bullim i després les fregim.

En una cassola posem les penques fregides, a sobre les patates i a dalt de tot el bacallà.

A banda, fem una salsa fregint una mica de farina i afegint-hi una picada d'alls, julivert, ametlles, pinyons i dos claus. Un cop feta la salsa, la tirem sobre el bacallà i ho deixem coure durant 10 minuts (aproximadament). Per acabar, ho decorem amb els ous durs, que haurem bullit per endavant.

Bacallà amb pèsols

Ingredients

- 12 talls de bacallà
- 1 kg de pèsols frescos
- 3 cebes
- 3 tomàquets
- 6 grans d'all
- 15 ametlles
- un grapadet de pinyons
- oli
- sal

Enfarinem el bacallà i el fregim amb oli. Un cop fregit el retirem del foc i el reservem. A la mateixa cassola preparem el sofregit de ceba i, un cop fregida, hi afegim el tomàquet. Seguidament hi posem els pèsols i, una mica d'aigua, i els deixem coure.

Quan els pèsols siguin gairebé cuits, hi afegim el bacallà. Tot seguit, preparem una picada amb els alls, les ametlles, el julivert i els pinyons. Afegim la picada a la cassola i ho deixem una estona més al foc perquè els pèsols s'acabin de coure.

Bacallà amb pèsols i ous durs

Enfarinem el bacallà i el fregim en una paella amb oli, i un cop fregit el reservem. A la mateixa paella, i amb el mateix oli, fem el sofregit amb la ceba i els quatre tomàquets. Fem una picada amb les ametlles, els pinyons, el pa fregit, el vi, dos grans crus d'all i dos grans fregits d'all. Bullim els pèsols i en reservem el suc per fer una salsa.

Tot seguit, en una cassola posem la picada, els pèsols bullits i el seu suc i ho assaonem amb sal i pebre al gust. Ho deixem coure durant 10 minuts i, seguidament, hi incorporem el bacallà fregit i els ous durs. Ho deixem coure tot plegat una estoneta més a foc baix i el plat ja està a punt de servir.

Ingredients

- 12 talls de bacallà de 150 g
- 600 g de pèsols
- 6 ous durs
- 1 ceba
- 4 tomàquets
- 4 grans d'all
- 2 trossos de pa fregit
- 100 g de pinyons
- 100 g d'ametlles torrades
- 1 got de vi blanc

Croquetes de bacallà

La base de les croquetes és una salsa feta amb beixamel molt espessa, a la qual afegim el bacallà. Quan tenim la beixamel feta i barrejada amb l'altre ingredient, l'aboquem en una plata i la deixem refredar. Quan sigui freda, la tallem i fem les croquetes donant-los la forma que vulguem, i les passem per ou batut i farina de galeta. Tot seguit, les fregim amb oli ben calent fins que agafin un color ben torrat

Bacallà a la silenca

Ingredients

- 800 g de bacallà
- 1 carbassó
- 1 albergínia
- 1 ceba
- 1 pebrot vermell
- 1 pebrot verd
- 500 g de tomàquet
- oli i sal
- farina

Primer preparem les verdures. Pelem i tallem la ceba a tires. Rentem els pebrots i els trossegem de la mateixa manera. Llavors, rentem l'albergínia i el carbassó, els tallem a rodes i els salem perquè no perdin el líquid. Finalment, pelem i triturem els tomàquets.

Aleshores, cal escórrer el bacallà en remull, treure-li les espines, arrebossar-lo amb farina i fregir-lo lleugerament. Seguidament, l'hem de passar a una cassola de fang.

Sofregim la ceba a la paella on hem fregit el bacallà i, una vegada sigui tova, hi afegim els pebrots, el carbassó i l'albergínia —aquests dos darrers prèviament escorreguts— i ho sofregim a foc lent. Després, hi afegim el tomàquet.

Ho deixem coure tot plegat 15 minuts, en acabat ho posem per sobre del bacallà i ho deixem coure una estona més. Convé tastar-ho i, si cal, rectificar-ho de sal.

Bacallà de Quaresma

Ingredients

- 12 trossos de bacallà remullat
- 300 g de pèsols
- 300 g de carxofes
- 3 ous
- 2 alls
- 2 cebes
- 2 tomàquets
- farina
- oli

Posem a coure els pèsols amb aigua i sal. Mentrestant, passem el bacallà per farina i el fregim.

Una vegada fregit el retirem, l'escorrem i el posem en una cassola. A l'oli que ens ha restat de fregir-lo, hi afegim la ceba i l'all picat per fer-hi un sofregit. Quan la ceba comença a agafar color, hi afegim els tomàquets i ho deixem una estona fins que quedi ben ofegat. Seguidament, ho retirem del foc.

Netegem i tallem les carxofes, les salem, les enfarinem i les fregim. Amb tot el sofregit, fem una salsa, en passem tot el contingut per un colador xinès i l'afegim al bacallà, les carxofes, els pèsols i els ous durs partits per la meitat. Ho deixem coure tot plegat 5 minuts junt i ja ho podem servir.

Calamars amb mandonguilles

Ingredients

- 12 calamars mitjans
- 1 ceba mitjana
- 2 tomàquets
- 300 g de carn de porc
- 1 ou
- pa ratllat
- farina
- 2 alls
- 100 g d'ametlles
- julivert
- oli
- sal

Preparem les ales i les potes dels calamars, les piquem, i les barregem amb la carn picada de porc, els alls i el julivert. Amb una part d'aquesta barreja fem el farcit dels calamars i amb la resta, afegint-hi el pa ratllat, fem unes mandonguilles que fregirem enfarinades i que reservarem.

En una cassola, hi fem un sofregit amb la ceba i el tomàquet. Quan el sofregit estigui acabat, hi posem els calamars farcits, ho cobrim d'aigua i ho deixem coure a foc lent fins que els calamars siguin cuits.

Seguidament, hi posem les mandonguilles reservades i una picada d'ametlles, all i julivert, i ho deixem acabar de fer.

Calamars farcits i mandonguilles

Netegem els calamars, però hi deixem les ales.

A la carn picada, hi barregem l'all, el julivert i les potes dels calamars, tot ben trinxat. Hi posem pebre negre, sal i els ous. Ho barregem tot i, per espessir-ho, hi posem pa, evitant, però, que la pasta quedi massa densa.

Farcim els calamars amb la pasta feta i fem les mandonguilles. Enfarinem els calamars, els enrossim a part, i els reservem. Les mandonguilles, les fregim amb pa ratllat.

Posem oli en una paella i fem el sofregit amb la ceba tallada ben petita i el pebrot vermell. Ho deixem coure a foc lent. Quan tingui un to rosset, hi tirem el tomàquet i ho deixem acabar de coure bé.

En una cassola de fang, hi posem els calamars, les mandonguilles i el sofregit acabat de fer, hi afegim aigua, vi blanc, una mica de sucre i sal, i ho deixem bullir uns quants minuts a foc molt lent, mentre vigilem que no s'agafi.

Ingredients

- 12 calamars
- 250 g de carn picada
- 2 alls
- 3 branquetes de julivert
- 2 ous
- pebre negre
- pa ratllat
- farina
- 1 ceba
- 1 tomàquet
- 1 pebrot vermell
- vi blanc
- sucre
- sal i oli

Calamars farcits

Ingredients
- 12 calamars mitjans
- 300 g de vedella
- 150 g de llom
- 1 pit de pollastre
- 1 ou
- 1 ceba petita
- 2 alls
- 2 tomàquets
- beixamel

Per a la picada
- 20 ametlles
- 5 nous
- pinyons
- mitja galeta

Fregim les potes dels calamars i les retirem, i rostim la carn a la mateixa cassola.

Un cop rostida tota la carn, ho passem tot per la batedora i hi afegim un ou i la beixamel perquè quedi més gustós.

Farcim els calamars amb la carn picada, els enfarinem i els fregim lleugerament (travessarem els calamars amb un escuradents perquè en fregir-los no es rebentin).

Retirem els calamars i, amb el mateix oli, i a la mateixa cassola, fem un sofregit amb la ceba i els tomàquets. Quan ja tinguem el sofregit, hi afegim els calamars i després la picada, i ho couem a foc lent de 12 a 15 minuts. Hi afegim l'aigua necessària i deixem que faci xup-xup fins a acabar de coure.

Salmó amb cava

Ingredients
- 2 kg de salmó tallat a rodelles
- 1 ceba grossa
- 250 g de tomàquets
- 3 grans d'all
- farina
- cava brut
- 150 g d'ametlles

Posem oli en una cassola i hi afegim la ceba trinxada, no ratllada com si fos esqueixada.

A part, en una paella, coem el tomàquet i quan ja el tenim sofregit el tirem a la cassola de la ceba. Quan està tot barrejat hi afegim prou cava per cobrir el salmó. Mentrestant, en una paella petita, fregim tres grans d'all i quan estan a punt de quedar rossos hi afegim una cullerada de farina. Tot plegat ho remenem una mica i ho aboquem en el centre de la cassola on tenim el salmó. Deixem que bulli i hi afegim una picada d'ametlles. Ho deixem coure uns 20 minuts més.

Com eliminar les males olors

Si fregim peix, l'hem d'untar amb llimona o posar-lo amb aigua i llet un instant abans de posar-lo a la paella.

Si coem verdura, hem de fer bullir un pot petit de vinagre a foc lent. També ho podem resoldre afegint una mica de vinagre a l'aigua de la verdura.

Si el que volem és treure'ns l'olor de peix de les mans, ens les hem de rentar amb aigua i vinagre o bé amb aigua i sal.

Per eliminar les males olors de la nevera, hi hem de posar un flascó de bicarbonat obert: absorbirà la mala olor durant un mes. També ho podem provar posant-hi uns trossos de carbó vegetal.

Calamars amb pèsols i cloïsses

Ingredients

- 2 kg de calamarsets petits
- 500 g de cloïsses
- 1 kg de pèsols
- 3 cebes
- 1 tomàquet gros
- 5 grans d'all
- 50 g d'ametlles
- 1 got de vi blanc
- oli
- sal

En una cassola amb oli fregim tres alls que retirarem un cop siguin cuits. En la mateixa cassola i amb el mateix oli fem un sofregit amb les cebes trinxades i el tomàquet.

Quan ja estigui el sofregit, hi afegim els calamars nets, i els deixem coure fins que treguin una mica d'aigua o suc. Seguidament, hi posem els pèsols i les cloïsses.

Quan les cloïsses estiguin obertes i els pèsols gairebé fets, hi afegim una picada feta amb els alls cuits retirats, dos alls crus, les ametlles i un got de vi blanc. Ho deixem acabar de coure afegint-hi una mica d'aigua i, si cal, ho rectifiquem de sal, i la cassola ja està a punt de dur a taula.

Rap amb pèsols i marisc

Ingredients

- 1 kg i mig de rap
- 12 gambes o escamarlans
- 500 g cloïsses
- 600 g de pèsols
- 6 ous
- 1 ceba grossa
- 1 o 2 tomàquets madurs
- 3 grans d'all
- julivert
- pa fregit
- 1 gotet de vi blanc
- oli i farina
- un grapat d'ametlles
- un trosset de nyora

Enfarinem els talls de rap tallats a rodanxes, els fregim molt poc i els reservem.

En una cassola amb oli sofregim la ceba i els tomàquets, hi afegim el vi i una mica d'aigua o caldo de peix. Seguidament, també hi afegim els pèsols i deixem que bullin una mitja hora.

Hi posem el rap, el marisc, les cloïsses, els ous tallats (per decorar) i la picada (preparada prèviament amb el pa, els alls, el julivert, les ametlles i la nyora).

Ho deixem coure durant 15 minuts a foc suau i ja està a punt de servir.

Rap amb salsa de romesco

Enfarinem el rap, el fregim i el deixem en una plata de forn. Seguidament, fem la salsa de romesco escalivant els alls, els tomàquets i les cebes. Les nyores i el bitxo, els posarem en remull en aigua freda durant mitja hora, després els traurem, els escorrerem bé i els passarem un moment per oli ben calent (fora del foc).

En un morter piquem les ametlles, l'all i el julivert, i seguidament, hi posem les nyores, el bitxo, l'escalivada (que abans haurem pelat) i les llesquetes de pa fregit. Tot això ho piquem bé i hi anem tirant oli a poc a poc, remenant-ho enèrgicament. Finalment, ho passem tot pel colador xinès i hi tirem el vi blanc per aclarir-ho.

Un cop feta la salsa de romesco, la tirem a la cassola del rap i hi afegim els llagostins (que haurem enfarinat i fregit), ho posem uns 2 minuts al forn i ja ho tenim a punt de servir.

Ingredients
- 2 kg de rap
- 1 kg de llagostins

Per a la salsa de romesco
- 100 g d'ametlles torrades
- 1 cabeça d'alls escalivats
- 4 tomàquets mitjans escalivats
- 2 cebes
- 8 pebrots nyores
- 1 tall de bitxo picant sec
- 2 llesquetes de pa fregit
- all
- julivert
- 250 ml de vi blanc
- 250 ml d'oli
- sal

Sípia amb pèsols i musclos

Ingredients

- 2 sípies
- 500 g de pèsols
- 1 tomàquet
- 1 ceba
- oli
- farina
- sal
- 500 ml de fumet
- 50 g d'ametlles
- julivert
- 1 carquinyoli

Un cop tenim la sípia neta i tallada a trossos no gaire grossos, l'enfarinem, la fregim i la reservem.

En una cassola amb oli, fem el sofregit amb la ceba i el tomàquet. Quan el sofregit estigui a punt, hi posem el fumet i la sípia. Ho deixem coure fins que la sípia quedi tova. A continuació, hi tirarem els pèsols i la picada feta amb les ametlles, el julivert i el carquinyoli. Ho deixem coure tot plegat uns 25 minuts. Finalment, hi posem els musclos pel cim, un cop oberts, com a guarnició.

Sípia amb pèsols i escamarlans

Ingredients

- 4 sèpies
- 1 kg i mig de pèsols
- 12 escamarlans
- 1 ceba
- 2 tomàquets grossos
- farina
- alls
- julivert
- sal
- oli
- 14 ametlles
- caldo

Primer de tot, enfarinem els escamarlans, els fregim a la paella i, quan siguin rossos, els guardem.

En una cassola de fang, fregim la sípia i, un cop rossa, també la guardem. Amb el mateix oli de fregir la sípia fem un sofregit de ceba i tomàquet i, quan el tinguem fet, hi afegim la sípia. El remenem bé perquè n'agafi el gust i, seguidament, hi posem els pèsols i ho remenem tot junt alguns minuts.

Cobrim la sípia i els pèsols amb caldo i deixem que faci xup-xup. Quan sigui mig cuit hi afegim els escamarlans, que ja tenim preparats, i també una bona picada d'ametlles. Cal que comprovem que estigui bé de sal i ja tindrem el plat preparat.

Suquet de peix

Enfarinem el lluç i el mero, els fregim i, quan siguin rossos, els reservem a part. Seguidament, a la mateixa paella, fregim els escamarlans i els llagostins. Poc abans de treure'ls, hi posem els musclos i les cloïsses.

En una cassola de fang fregim els calamars i també els reservem. Tot seguit, a la mateixa cassola, fem el sofregit de ceba i tomàquet. Quan estigui rossejat, hi afegim els calamars, les gambes, els escamarlans, el caldo i la picada. Ho remenem durant alguns minuts i, finalment, hi posem el lluç i el mero.

Ingredients
- 6 talls de lluç
- 6 talls de mero
- 6 calamars sencers
- 6 escamarlans
- 6 llagostins
- 500 g de musclos
- 500 g de cloïsses
- ceba i tomàquet
- 500 ml de caldo de peix

Per a la picada
- ametlles
- alls
- julivert
- pa fregit
- xocolata
- oli
- sal

Aviram

Ànec amb taronja

Ingredients

- 1 ànec i mig
- 2 tomàquets
- 2 taronges
- 3 pastanagues
- 1 cabeça d'alls
- 1 branca d'api
- oli
- 1 ceba
- 12 ametlles
- 1 copa de conyac
- 1 copa de Cointreau

Rostim l'ànec sencer en una cassola grossa, amb una mica d'oli, ceba, alls, pastanaga, api, tomàquets i una taronja. Quan ho tinguem tot ben ros, hi tirem un raig de conyac i unes gotes de Cointreau. Si hi falta suc per acabar de rostir, hi afegim una mica d'aigua. Un cop ben cuit, passem les verdures pel colador xinès per fer-ne una salsa. Incorporem la salsa a la cassola i ho deixem fer. Fem una picada d'ametlles, la posem a la cassola i ho deixem acabar de fer. Tot seguit, tallem l'ànec a quarts i el decorem amb la taronja tallada a rodanxes.

Bracets d'ànec amb peres

Ingredients

- 6 peres
- 3 kg de bracets d'ànec
- 1 ceba grossa
- 2 tomàquets
- 15 ametlles
- 12 avellanes
- all
- julivert

Salem els bracets d'ànec, els enfarinem i els fregim. Un cop ben fregits els passem a una cassola de terra. Seguidament fem un sofregit de ceba i tomàquet i el passem per un colador.

A part, bullirem les peres amb aigua i una mica de sal i les reservarem. Tirem el suc de bullir les peres i el sofregit ja colat sobre els bracets d'ànec posats a la cassola i ho deixem bullir un parell d'hores. A mitja ebullició hi tirem la picada d'ametlles, avellanes, all i julivert. Finalment, adornem el plat amb les peres. Si són petites, senceres; si són grosses, les fem a trossos. I el plat ja està llest.

Ànec amb gírgoles

Ingredients

- 2 ànecs
- 1 kg de gírgoles
- 1 ceba grossa
- 2 tomàquets
- 1 fetge de pollastre
- 15 ametlles
- alls
- julivert

Tallem l'ànec a trossos i el posem a enrossir en una cassola amb una mica d'oli. Quan ja el tenim rosset el retirem i reservem. Si hi ha molt de greix, en guardem una mica per fregir les gírgoles. A la mateixa cassola fem un sofregit de ceba i tomàquet sense pela ni granes. Quan el sofregit ja està fet, hi posem una mica d'aigua freda, per desfer-lo; una vegada reduït a puré, hi afegim l'ànec i gairebé el cobrim amb el caldo, que haurem preparat prèviament. Ho rectificarem de sal i mantindrem la cassola tapada perquè faci xup-xup. Tot plegat ha de coure una bona estona fins que l'ànec sigui tou.

En un morter fem una picada amb all, julivert, ametlles torrades i un fetge de pollastre, prèviament fregit; hi afegim una mica de líquid per desfer-la i la posem a la cassola.

A part, una vegada netes, fregim les gírgoles les en una paella amb tres o quatre grans d'all, unes fulles de julivert i la sal necessària. Quan ja són ben fregides, retirem l'all i el julivert, les afegim a la cassola i deixem que tot junt faci xup-xup uns 10 o 15 minuts.

Ànec amb peres

Ingredients

- 1 ànec gros
- 1 ceba grossa
- 1 pastanaga
- 1 fulla de llorer
- 1 pessic d'orenga
- 500 g de peres
- farina
- julivert
- pa ratllat
- 1 nou
- 10 ametlles
- 2 grans d'all
- 2 tomàquets madurs
- mig got de conyac
- oli
- sal

Primerament hem de netejar les peres, pelant-les i guardant la pela per utilitzar-la després, per donar gust a la salsa que prepararem.

Les peres pelades, les tallem per la meitat i els traiem el cor. Les posem a bullir amb aigua i sal durant 5 minuts sense parar; les escorrem i quan siguin una mica fredes —que puguem tocar-les amb les mans—, les enfarinem i les fregim en una paella amb oli, una mica calent, donant-los unes voltes; les traiem a mig fregir per utilitzar-les més endavant com a guarniment.

Rossegem en una cassola l'ànec trossejat, que prèviament haurem salat i empebrat. Ho anem remenant i quan la carn canviï de color hi tirem la ceba, l'api, la pastanaga, el llorer, l'orenga, la pela de pera i el tomàquet. Ho anem remenant perquè es barregin bé tots els ingredients amb la carn, tapem la cassola i ho deixem fins que tot plegat sigui a mig fer, i a continuació hi afegim el conyac.

En el morter, hi aixafem les ametlles, la nou, els alls i el julivert, hi posem una cullerada de pa ratllat, omplim el morter d'aigua i ho tirem a la cassola.

Tapem novament la cassola i ho deixem coure a foc lent.

Posem els trossos d'ànec en una cassola de fang, colem la salsa i la hi tirem pel damunt. Posem novament la cassola al foc, afegint-hi els trossos de peres que tenim guardats, i ho deixem a foc lent, tapat, durant 5 minuts. Traiem la cassola i la deixem en repòs una bona estona perquè la carn es concentri bé amb la salsa i la fruita.

Tipus de peres i maneres de preparar-les

Per als plats amb peres, podeu fer servir o bé les anomenades de Sant Joan, que són petites i dures, o bé altres que trobareu al mercat, que han de ser dures i un xic verdes. Deixeu de banda les peres d'aigua o les que semblen granulades quan les mengem. Podem preparar les peres de diferents maneres; aquí us en diem unes quantes.

Les peres, una vegada pelades i fregades amb llimona, les posem amb aigua calenta i les deixem bullir 3 minuts; després les refredem amb aigua freda i un cop ben escorregudes les enfarinem i daurem en una paella amb oli. Les podem reservar, posar-les a la cassola i deixar-les una estona amb la carn i el suc. Un altra manera: pelem i bullim lleugerament les peres i les apartem; llavors les incorporem al cuinat i deixem que continuï la cocció de 5 a 10 minuts més.

Rectifiquem l'assaonament i ho servim a la mateixa cassola.

Antigament les peres de Sant Joan s'assecaven al forn i es guardaven per utilitzar a l'hivern com a acompanyament de plats. Per fer-les servir s'havien de posar en remull una bona estona i afegir-les als guisats.

Ànec i vedella amb peres

Ingredients

- mig ànec de pagès
- 1 kg de jarret de vedella
- 12 peres mitjanes
- 1 ceba grossa
- 2 cullerades de tomàquet
- en conserva
- 12 ametlles
- 4 avellanes
- 3 grans d'all
- vi blanc
- pebre negre
- sal i oli

Posem la vedella a macerar el dia abans, amb vi blanc i un grapat de grans de pebre negre.

El dia que volem cuinar-lo, lliguem el jarret de vedella i el rostim en una cassola. En una altra cassola, hi rostim l'ànec i deixem que tots dos es vagin fent a poc a poc i separadament. En una olla, hi bullim les peres, durant poca estona, amb tres quarts de vi blanc, un d'aigua i una vintena de grans de pebre. Retirem les peres i les deixem refredar abans d'incorporar-les a la cassola.

A la cassola més grossa de les emprades per fer l'ànec i la vedella, hi fem un sofregit amb la ceba i el tomàquet i, quan ja estigui, hi posem la carn i una picada, feta prèviament amb les ametlles, els alls i les avellanes. Ho cobrim tot plegat amb un caldo, fet amb els menuts de l'ànec, i ho deixem coure a foc lent aproximada- ment 4 hores.

Transcorregut aquest temps, i quan ens sembli que el cuinat ja està quasi acabat, incorporem les peres senceres a la cassola i ho deixem fer una miqueta més.

Ànec amb salsafís

Tallem l'ànec a trossos regulars i el posem a enrossir en una cassola. Quan sigui ben ros, el traiem. A la mateixa cassola fem un sofregit amb la ceba i, tot seguit, el tomàquet, reduït a puré sense peles ni granes. Quan el sofregit ja està fet, hi tirem una mica d'aigua freda per desfer-lo. Seguidament hi posem l'ànec i gairebé el cobrim amb el caldo que haurem fet prèviament a part. Ho rectifiquem de sal i mantenim la cassola tapada perquè faci xup-xup. Tot plegat ha de coure una bona estona, fins que l'ànec sigui tou.

En un morter fem una picada amb all, julivert, ametlles torrades i un fetge de pollastre que abans haurem fregit. Hi afegim suc i ho tirem a la cassola 10 minuts abans de posar-hi els salsafís.

A banda haurem fet els salsafís. Els netegem i els bullim amb aigua i sal. Quan siguin quasi cuits, els traiem, els escorrem bé, els enfarinem i els fregim. Els afegim a la cassola i deixem que tot plegat faci xup-xup durant 10 minuts.

Ingredients

- 1 ànec i mig
- 600 g de salsafís
- 2 cebes mitjanes
- 2 tomàquets
- oli
- 12 ametlles torrades
- all
- julivert
- 1 fetge de pollastre
- sal
- caldo de carn

Ànec de bosc amb bolets

Ingredients

- 2 ànecs i mig
- 600 g de bolets dessalats
- 1 ceba grossa
- 1 tomàquet
- 2 grans d'all i 1 fulla de julivert
- 12 ametlles
- oli, sal i pebre

En una paella amb oli, hi posem l'ànec tallat a trossos petits, salats i empebrats, i els fregim fins que siguin una mica rossos. Després, retirem la carn i a la mateixa paella fem el sofregit: hi posem la ceba tallada petita i l'anem remenant fins que sigui una mica daurada, tot seguit hi afegim el tomàquet i ho deixem fins que sigui ben cuit. Quan es comença a enganxar a la paella, hi posem una mica d'aigua i ho remenem bé perquè es desenganxi, i llavors ho tirem en una cassola, en la qual ja tenim l'ànec i els bolets, que abans haurem fregit.

Ho deixem que es cogui a foc lent durant 45 minuts i, mentrestant, amb les ametlles, els alls i el julivert fem la picada. La tirem a la cassola i ho anem remenant bé. Si hi ha poc caldo, hi tirem una mica més d'aigua i ho deixem coure uns 45 minuts més, que faci xup-xup. Remenem de tant en tant perquè no s'enganxi i seguidament ja ho podem servir.

Blanquetes de gall dindi amb prunes i pinyons

En una cassola rostim les blanquetes salades amb oli fins que siguin ben daurades. Aleshores, tallem la ceba a la juliana i la sofregim fins que sigui ben cuita. Hi tirem les blanquetes i un raig de vi negre. Quan siguin cuites, hi posem les prunes i els pinyons i ho deixem fent xup-xup uns 10 minuts.

Ingredients

- 12 blanquetes de gall dindi
- 1 ceba grossa
- un grapat de prunes
- un grapat de pinyons
- 1 got de vi negre

Bolets al bany maria

Posem els bolets en pots de vidre, procurant que quedin ben posats i no quedin buits entre si, hi aboquem aigua bullida amb sal i una mica de suc de llimona. Cal que eliminem, tant com sigui possible, les bosses d'aire que hagin pogut quedar en els pots i que els tanquem hermèticament. Els posem a coure al bany maria durant 90 minuts.

Deixem refredar lentament els pots en l'aigua de bullir-los i, un cop freds, els guardem. Els bolets així conservats els podem utilitzar directament en els cuinats.

Colomí amb col

Ingredients
- 6 colomins
- 2 cebes
- 2 tomàquets
- 1 col
- farina
- all
- oli
- 12 ametlles
- julivert i aigua

En una cassola amb oli fregim el colomí, que tindrem partit per la meitat. Un cop fregit, el retirem.

Amb el mateix oli fem un sofregit i, un cop fet, hi afegim el colomí i deixem passar una estoneta.

En una olla a part, bullim la col i, una vegada cuita, fem els farcellets, els enfarinem i els passem per la paella. Llavors els afegim a la cassola del colomí, juntament amb el sofregit i una picada d'all, ametlles i julivert. Hi posem aigua i ho deixem coure durant 15 minuts.

Cuixes de pollastre amb farcellets de col

Ingredients
- 1 col grossa
- 18 cuixes de pollastre
- 3 cebes grosses
- 500 g de tomàquets madurs
- 2 cullerades de farina
- sal i oli

Per a la picada
- 2 alls
- julivert
- 15 ametlles

Rostim les cuixes i les apartem del foc. Amb el mateix oli, fem el sofregit amb la ceba i el tomàquet. Quan ja gairebé el tinguem, hi afegim una mica d'aigua, la farina i ho rememnem bé. Llavors podem tornar a posar-hi les cuixes rostides.

A part, bullim la col, després de separar-ne totes les fulles. Un cop cuita, l'escorrem i la deixem refredar. Un cop sigui freda, en fem boles que enfarinarem i fregirem.

Tot seguit, les afegim a la cassola amb les cuixes. Ho deixem que faci xup-xup durant 10 minuts aproximadament i hi tirem la picada pel damunt. (És millor si ja ve reposat del dia abans.)

Colomí amb farcellets de col

Ingredients

- 6 colomins tendres
- 1 ceba grossa
- 1 tomàquet petit
- 4 fulles de col
- 50 g d'ametlles torrades
- oli
- pebre
- sal

Posem a escalfar una cassola amb oli i, quan sigui ben calent, hi enrossim els coloms (prèviament els haurem tallat per la meitat i els haurem posat sal i pebre). Una vegada rossos, els traiem i, amb el mateix oli i a foc lent, hi deixem enrossir la ceba tallada ben petita. Quan la ceba s'hagi tornat rossa, hi afegim el tomàquet ratllat. Cal que ho deixem reduir una mica. A continuació, hi afegim els coloms i un got d'aigua (si pot ser bullent), i tornem a abaixar el foc.

A part, posem una cassola amb aigua al foc i, quan bulli, hi afegim les fulles de col, però només uns segons perquè quedin escaldades. Seguidament, les escorrem, els traiem el nervi del mig i les tallem en tres o quatre trossos. Llavors fem els farcellets, els enfarinem i els fregim amb oli ben calent.

A la cassola on tenim els coloms, hi afegim els farcellets de col. Quan els coloms siguin gairebé cuits, hi posem una picada d'ametlles i, si cal, una mica d'aigua.

Menuts de pollastre amb xamfaina

Ingredients

- 2 kg de menuts
- 2 cebes
- 3 pebrots
- 3 albergínies
- 500 g de tomàquets
- oli, sal i aigua

Anomenem menuts els colls, els pedrers, els fetges i les potes, tant de pollastre com d'ànec, oca o altres aus.

En una cassola de terra, hi posem oli i, quan sigui calent, hi enrossim els menuts de pollastre prèviament salats; els retirem seguidament en una plata. Després, en el mateix oli, hi posem la ceba tallada, el pebrot i l'albergínia, i els fregim fins que s'enrosseixin. Després tornem a posar-hi els menuts, ho remenem i, a continuació, hi afegim el tomàquet i ho remenem fins que no quedi suc. Llavors cal tirar-hi una mica d'aigua i deixar que vagi fent xup-xup fins que veiem que ja és fet, que serà quan punxant el pedrer amb un escuradents el notem tou.

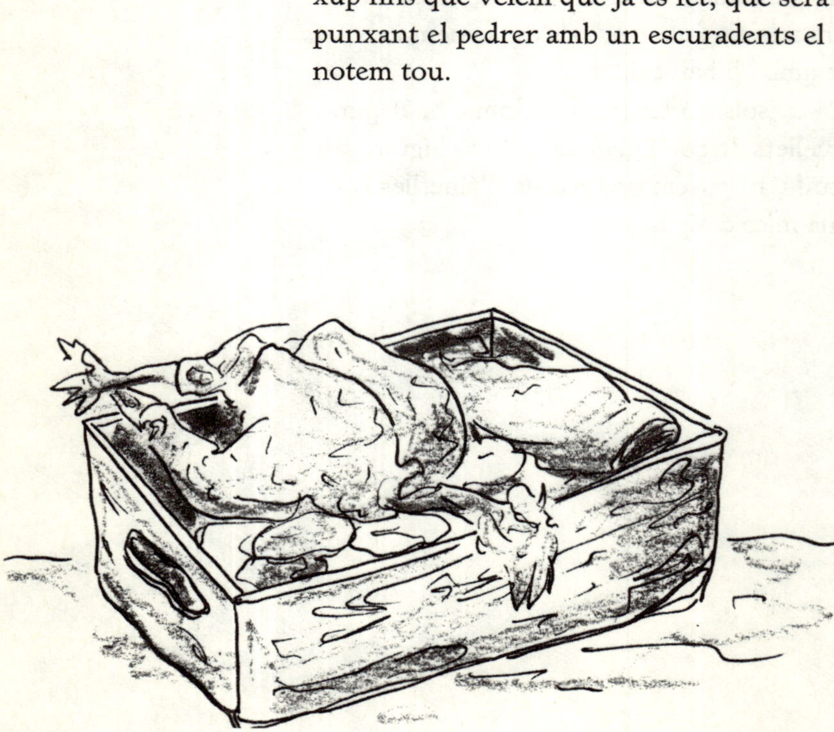

Cuixes de pollastre farcides de marisc

Desossem les cuixes i les farcim amb la carn de les botifarres i les gambes petites pelades.

Posem les cuixes farcides dins d'una cassola i les sofregim lentament. A continuació fem el mateix amb les gambes i ho deixem tot a part.

A la mateixa cassola, hi posem les pastanagues, les cebes, els tomàquets i els alls, ho remenem una mica i hi posem les cuixes amb el vi ranci i una mica d'aigua o caldo de peix.

Quan les verdures siguin cuites, les passem pel colador xinès i les tornem altre cop a la cassola amb les cuixes; hi afegim la picada i les gambes, i deixem que faci xup-xup uns instants.

Ingredients

- 6 cuixes de pollastre
- 18 gambes llagostineres
- 4 botifarres crues o carn magra
- 500 g gambes petites
- 2 pastanagues
- 1 ceba
- 3 tomàquets
- 1 cabeça d'alls
- 2 fulles de llorer
- ametlles
- avellanes
- vi ranci
- sal i pebre

Cuixes de pollastre amb cervesa

En una paella fregim les cuixes de pollastre, que abans hem salpebrat, fins que quedin ben cuites i rosses. Mentrestant, en una cassola de fang, i amb l'oli de la paella, fem un sofregit amb la ceba i els tomàquets. Quan ja tinguem el sofregit, hi posem les cuixes i la cervesa i deixem que es vagi coent lentament fins que el pollastre quedi ben cuit i la cervesa pràcticament evaporada. (Si volem, hi podem incorporar una mica d'aigua per minvar el gust de cervesa i/o afegir-hi una picada o qualsevol altre complement.)

Ingredients

- 12 cuixes de pollastre
- 1 quinto de cervesa
- 1 ceba grossa
- 2 tomàquets
- pebre, oli i sal

Verdures

Siguin quins siguin els llegums frescos, comencem per netejar-los bé i tallar-los en trossos si són molt grossos. Una vegada nets els deixem amb aigua fresca.

La verdura, que ha de bullir amb molta aigua, no es posarà a l'olla fins que l'aigua no bulli, ni es salarà fins que sigui gairebé cuita. Si volem que la verdura conservi el seu color viu, no hem de tapar l'olla ni mentre cou ni un cop cuita. També podem afegir una culleradeta de bicarbonat a l'olla si tenim la dèria del color de la verdura; això li donarà encara més intensitat. Les verdures més corrents solen fer-se amb patates o soles. Si el que volem fer és bullir diverses verdures en la mateixa olla, posem primer a coure la més dura, a continuació la que segueix, fins que ja estiguin totes i quedin cuites.

Si el que volem és estofar-les, ho hem de fer amb un recipient fondo i gruixut, on posarem oli i les verdures. El taparem i el posarem a foc moderat i continuat, perquè perdin la pròpia aigua. Cal vigilar l'evaporació, per evitar que quedin resseques.

Pollastre a la jardinera

Tallem els pollastres en vuit talls cada un, els passem per la paella i els reservem.

Tallem la ceba a trossos no gaire grossos i la passem per la paella fins que sigui rossa; tot seguit hi afegim el tomàquet.

Quan el tomàquet sigui una mica cuit, hi posem el pollastre reservat i el vi i ho anem remenant afegint-hi una mica d'aigua perquè faci xup-xup durant 15 minuts.

Bullim els pèsols apart. Fregim les patates senceres, la pastanaga tallada en talls rodons i les cebes petites. Si veiem que n'hi ha massa podem fregir-ho a part i afegir-ho posteriorment. Ho incorporem tot a la cassola, sacsejant-la amb el contingut i afegint-hi una picada d'all, ametlles i julivert i un raig d'aigua.

Posem la cassola al forn una mitja hora. Si el pollastre és de pagès l'hi haurem de deixar més temps. Ho servirem a taula en la mateixa cassola.

Ingredients

- 2 pollastres
- 20 cebes petites
- 200 g de pèsols
- 2 pastanagues mitjanes
- 18 patates petites senceres
- 2 tomàquets mitjans
- 1 ceba mitjana
- 3 grans d'all
- 15 ametlles
- 1 got de vi blanc sec
- julivert
- sal
- oli

Perdiu amb farcellets de col

Ingredients

- 6 perdius
- 1 l de vi rosat
- 250 g de tomàquets
- 100 g de pernil sec
- 2 cebes grosses
- 500 ml de suc
- 1 col d'1 kg
- sal
- pebre
- oli

Daurem les perdius, prèviament salades i empebrades, en una cassola de terra amb oli.

A part piquem la ceba molt fina i la posem a fregir en una paella, juntament amb el pernil tallat a daus petits. Quan comenci a agafar color hi tirem el tomàquet i, al cap d'una estona, el vi. Ho deixem coure afegint-hi la salsa de rostir.

A part es cou la col. Quan és cuita, l'escorrem i en fem farcellets, els enfarinem i els fregim. Llavors els posem a la cassola on hi ha les perdius, hi tirem la salsa fins a cobrir-les i les deixem coure tapades. Si el suc es redueix en excés, hi podem afegir vi i aigua a parts iguals.

Picantons amb broquetes

Ingredients

- 6 picantons
- 5 talls de cansalada fresca
- 15 cebes petites
- 15 patates petites
- 3 pastanagues
- oli
- greix
- llorer
- canyella
- sal
- pebre
- 1 gotet de conyac

Posem a la safata del forn oli, una mica de greix, una fulla de llorer i mig tronc de canyella. Salem i empebrem els picantons i ho posem tot plegat al forn. Quan comencin ha quedar daurats, hi tirem un got de conyac i una mica d'aigua.

Mentrestant, preparem la guarnició. Pelem les cebes, les patates i les pastanagues, les fem bullir una mica sense que quedin ben cuites i les escorrem. En una cassola amb força oli les fregim. També fregirem una mica de cansalada fresca tallada petita. Col·locarem un ingredient de cada dins la broqueta. Ho posarem dins la safata del forn i tot fent xup-xup s'acabarà de coure.

Col, bròquil, bitxo i tomàquet confitats

Cal preparar un recipient amb aigua que prèviament haurem bullit i deixat refredar. Una vegada l'aigua estigui freda, la salarem. Per saber la quantitat de sal hi posem una patata. Quan la patata pugi és que l'aigua és prou salada.

En un recipient posem els bitxos, procurant que no estiguin rebentats i els cobrim del tot, perquè no es facin malbé, amb l'aigua salada preparada. Els deixem vint dies en el recipient. Passat aquest temps, els rentem i els posem de nou en un atuell amb la meitat de vinagre, un quart d'aigua sense sal i un quart d'aigua salada que haurem preparat abans. Un mes després, ja es poden menjar.

El bròquil es talla a trossos no gaire grossos, i els tomàquets han de ser verds i dels més durs. Es confiten directament amb meitat de vinagre i meitat de sal. Es poden consumir quan ha passat, com a mínim, un mes de la preparació.

Antigament també s'hi posaven naps, uns naps rodonets i vermellosos, que es tallaven en tres o quatre trossos.

És millor fer totes aquestes operacions amb lluna vella.

Tots aquests ingredients són un molt bon acompanyament per a sopars amb qualsevol tipus de vianda.

Filet de gall dindi amb ceba

Ingredients

- 2 kg de filet de gall dindi
- 2 kg de cebes
- 250 g de mantega
- 2 gerres de cervesa
- 250 de ml de caldo
- pebre
- oli
- sal

Netegem i tallem els filets a tires fines. Posem una cassola amb la meitat de la mantega al foc i, quan sigui calenta, hi afegim els filets, hi posem sal i pebre i ho deixem fer a foc suau uns 30 minuts, afegint-hi, si convé, una mica de caldo calent.

Mentrestant, pelem i tallem les cebes a tires fines i les posem en una cassola on haurem desfet la resta de la mantega. Ho deixarem fer a foc molt baix fins que quedi reduïda, i tot seguit passarem la ceba per un colador.

Posem el puré de ceba per sobre del filet i barregem bé tots els ingredients. Hi afegim la cervesa i deixem continuar la cocció uns 40 minuts, a foc suau i remenant-ho contínuament. Ens ha de quedar una salsa molt fina.

Ho tastem, ho rectifiquem de sal si convé, i ja ho podrem servir.

Guatlles al forn amb guarnició

Rostim les guatlles salpebrades en una cassola amb greix i oli i les passem a una plata de forn sense que siguin del tot cuites.

Mentrestant, enrotllem els dàtils amb cansalada virada i tot plegat ho posem a la plata i al forn, afegint-hi també les panses, les prunes i els pinyons. Hi posem el conyac i l'aigua i ho deixem que es cogui a poc a poc.

Ingredients

- 12 guatlles
- 200 g de panses
- 200 g de prunes
- 50 g de pinyons
- 12 dàtils
- 12 talls de cansalada viada
- llard
- 1 got de conyac
- 2 gots d'aigua
- oli, sal i pebre

Mandonguilles amb llagostins

Saltem les mandonguilles i les reservem. Tot seguit fem el mateix amb els llagostins. Llavors fregim i deixem coure bé les sípies, que també reservarem quan siguin cuites.

En la mateixa paella i amb el mateix suc, farem el sofregit de la ceba, i quan sigui cuita hi afegirem el tomàquet i també la pastilla de caldo ratllada. Quan ja tinguem el sofregit, hi posem tots els ingredients reservats i hi afegim l'aigua necessària perquè es vagi coent tot junt una estona i no es desfacin les mandonguilles ni el marisc. Finalment, fem una picada amb els alls, el julivert, la llesca de pa i un xic de margarina i l'aboquem a la cassola. Ho deixem tot plegat una estoneta.

Ingredients

- 18 mandonguilles de pollastre i vedella
- 24 llagostins
- 6 sípies petites
- 1 ceba grossa
- 1 pot de tomàquet triturat petit
- alls
- julivert
- 1 llesca de pa fregit
- sal
- oli
- pebre
- margarina
- 1 pastilla de caldo

Picantons, botifarres i costelló amb guarnició

Ingredients

- 6 picantons
- 6 botifarres
- 6 trossos de costelló
- 5 pastanagues
- 500 g de patates
- 1 cullerada de llard
- mig canó de canyella
- 2 cebes mitjanes
- 1 cabeça d'alls
- 1 got de conyac
- oli
- sal
- pebre

Salpebrem els picantons una vegada netejats i rentats. En una plata per anar al forn, hi posem l'oli i el llard, els picantons, les botifarres i el costelló.

Tot plegat ho posem al forn a 200 °C. Quan els picantons siguin ben rossos, traiem la plata del forn i hi afegim el got de conyac; tornem la plata al forn i ho deixem coure 10 minuts més.

En una paella, hi posem oli, les pastanagues tallades a rodanxes d'un centímetre de gruix i les patates pelades i rodonetes, i les deixem fer fins que quedin ben fregides.

Quan tot ja sigui cuit, posem les carns fetes al forn en una cassola i les verdures fregides per sobre. Ho deixem coure tot plegat una estona i ja el podrem servir.

Pastís d'albergínies

Pelem les albergínies i les tallem a trossets, les fregim bé amb oli i les amanim amb sal, pebre i julivert trinxat. Tan bon punt quedin fregides, les retirem del foc i les deixem refredar una miqueta. Després hi barregem, segons la quantitat, dos o tres ous crus, i ho mesclem tot dins d'un motllo prèviament untat de mantega i molla de pa ratllat. Ho coem al forn, posat en bany maria, perquè quan el servim el conjunt tingui consistència. Bolquem el motlle en una plata i ho cobrim amb una mica de salsa de tomàquet o alguna altra salsa.

Pollastre amb albergínies

En una cassola amb greix de porc fregim el pollastre, que prèviament haurem assaonat amb sal i pebre. El fregirem lentament.

Quan agafi color, hi afegim la ceba tallada petita, la costella de porc tallada també petita, el tomàquet net de pell i de llavors, la canyella i el pebre. Tot seguit, hi afegim l'aigua i ho deixem coure. Al cap d'una estona hi posem farina perquè el guisat quedi més espesseït.

Fregim a part les albergínies tallades a daus. Quan el pollastre sigui cuit, hi afegim les albergínies.

Ingredients

- 1 pollastre i mig
- 2 cebes
- 5 tomàquets
- 3 albergínies
- 250 g de costella de porc
- canyella
- sal
- pebre
- greix de porc

Bolets conservats en oli

Es poden conservar en oli els bolets de carn consistent com els carlets, les lleteroles, els pinetells, els rovellons, etc. Per cada quilo de bolets cal posar-hi un litre de vinagre, sal i oli.

Posem els bolets en una cassola, els salem, els cobrim de vinagre i fem que coguin a foc lent durant un quart d'hora. Els escorrem i, passades més de 24 hores, omplim amb els bolets pots de vidre que tanquin bé, fins a la seva tercera part d'alçària, i acabem de cobrir els bolets amb oli. Tapem els pots i els deixem en un lloc adequat. No ens hem de menjar els bolets fins que no hagin transcorregut 2 mesos.

Pollastre amb bolets

Un cop net i socarrimat, tallem el pollastre a trossos més aviat petits. Posem una cassola al foc amb una cullerada de greix i oli, i hi fem enrossir els talls de pollastre i el fetge. Llavors guardem el fetge. Quan veiem que és fet hi posem els bolets salats, que haurem tingut tota la nit en remull i que haurem rentat abans de incorporar-los-hi.

Ho traiem tot de la cassola i hi tirem la ceba tallada petita i, quan sigui daurada, el tomàquet, per fer un bon sofregit. Després hi posem el pollastre i els bolets, l'aigua o el caldo, i ho rectifiquem de sal. Ho tapem i ho deixem coure a foc lent durant 1 hora.

En un morter, hi aixafem una mica de pa torrat, ametlles torrades i el fetge del pollastre fregit, all i julivert, i amb tot plegat fem una picada ben fina. Hi afegim una mica d'aigua bullent i un quart d'hora abans de servir el plat ho tirem a la cassola.

Ingredients

- 1 pollastre de pagès gros
- 500 g de bolets salats
- 1 ceba grossa
- 3 tomàquets gossos
- 3 grans d'all
- 100 g d'ametlles
- sal i pebre
- pa torrat
- aigua

Pollastre amb iogurt

Ingredients

- 1 pollastre i mig
- 8 grans d'all
- 1 got de cervesa
- 2 iogurts naturals
- sal i oli

Agafem el pollastre ben net i el tallem a quarts. El posem en una paella amb oli i fem que quedi ben rosset. Un cop s'hagi enrossit el traiem i en el mateix oli posem els alls tallats a rodelles i deixem que quedin ben daurats. En una cassola a part posem el pollastre, els alls, el got de cervesa i els iogurts. Hi afegim sal, ho barregem ben barrejat i ho deixem coure de 20 a 25 minuts.

Aquest plat s'ha de servir ben calent.

Pollastre amb escamarlans

Tallem a talls petits el pollastre i l'enrossim, hi afegim els escamarlans i deixem que cogui tot junt una estona en una paella.

En una cassola de terra fem un sofregit de tomàquet i ceba. Tot seguit hi posem els escamarlans i el pollastre i ho cobrim d'aigua.

Després hi afegim la picada feta amb alls, julivert, ametlles, una cullerada petita de xocolata, galetes, sal i pebre.

Ho deixem bullir durant alguns minuts fins que veiem que la salsa s'ha reduït.

Ingredients

- 1 pollastre de pagès
- 18 escamarlans
- 1 tomàquet
- 2 cebes grosses
- oli
- 12 ametlles
- julivert
- 2 galetes
- mitja presa de xocolata de pedra
- sal
- pebre
- 2 alls

Pollastre amb cigales

Ingredients

- 1 pollastre
- cigales
- 8 grans d'all
- 35 g d'ametlles torrades
- 250 g de tomàquets
- julivert

Per a la picada

- 4 grans crus d'all
- julivert
- ametlles
- tomàquets pelats

En una cassola fregim quatre grans d'all, que retirarem un cop daurats. Tallem el pollastre, l'amanim amb sal i el posem a la cassola fins que sigui daurat. Llavors, l'enretirem i hi posem les cigales durant alguns minuts. Finalment, tornem a posar el pollastre.

Per fer la picada, fregim els quatre grans d'all, hi afegim els altres ingredients i ho piquem tot junt. Tot això ho afegim a la cassola, la tapem i deixem que cogui durant 30 o 40 minuts a foc lent, rectificant-ho de sal, i afegint-hi una mica d'aigua, si convé.

Pollastre amb gambetes

Posem a sofregir amb oli la carn i els grans d'all sense pelar perquè agafi més gust. Quan està sofregida, la retirem i fem un sofregit de ceba i tomàquet. Hi tornem a col·locar la carn afegint-hi un pols de farina i ho remenem bé. Quan la carn ha agafat la farina, hi tirem un rajolí de vi blanc i ho tapem uns moments; després ja hi podem posar l'aigua corresponent per coure-ho.

Quan la carn comença a ser cuita fem una picada d'ametlla, all i julivert. Uns moments abans de treure-ho del foc hi col·loquem les gambetes, i ja estarà a punt per servir.

Ingredients

- 2 pollastres
- 2 paquets de gambetes congelades
- 2 cebes
- 3 tomàquets
- 3 grans d'all
- 12 ametlles
- all
- julivert
- un quart de got de vi blanc
- farina

Croquetes de pollastre

Piquem ben petit el pit del pollastre. Pelem i triturem la ceba. Llavors escalfem l'oli, hi ofeguem la ceba i el pollastre, i li donem voltes perquè es faci pertot arreu igual. Hi afegim farina i la torrem lleugerament remenant-la perquè no s'hi facin grumolls. Aleshores la comencem a diluir amb la llet, sempre lentament i removent-ho amb un batedor de metall. Ho salem i hi tirem la nou moscada i ho coem a foc suau durant 15 minuts removent-ho de tant en tant.

Ho posem en una plata i ho deixem refredar algunes hores. Seguidament fem les croquetes, les arrebossem amb l'ou i el pa ratllat i les fregim en oli abundant.

Ingredients

- 1 pit de pollastre
- 1 ceba
- 75 g de farina
- 750 ml de llet
- 2 ous
- pa ratllat
- oli, sal i nou moscada.

Pollastre amb naps

Ingredients
- 1 pollastre
- 1 copa de conyac
- 250 ml d'aigua
- 1 ceba grossa
- 4 grans d'all
- 1 pastanaga mitjana
- 500 g de tomàquet
- 1 kg de naps
- pebre

En una cassola amb oli, hi rostim el pollastre salpebrat a talls petits. Quan el pollastre ja sigui ros, hi afegim la ceba ratllada, els alls, la pastanaga, el tomàquet i el conyac. Quan ja estigui el tomàquet, hi afegim l'aigua i ho deixem coure uns 25 minuts. Tot seguit, retirem les verdures per passar-les per la batedora i aconseguir una salsa, que afegirem al pollastre de la cassola juntament amb els naps, que prèviament haurem bullit, enfarinat i fregit. Tot plegat ho deixarem fent xup-xup uns 30 minuts, i ja tenim el plat fet.

Pollastre amb orella i cireres

Ingredients
- 1 pollastre i mig
- 300 g d'orella de porc
- 500 g de salsitxes
- 500 g de cireres
- 1 got de vi ranci
- 1 ceba grossa
- 1 tomàquet petit
- 10 ametlles
- 4 avellanes
- 1 gra d'all
- 3 fulles de llorer
- sal i oli

Rostim el pollastre, salat i empebrat, i les salsitxes, i ho reservem quan tot sigui cuit.

En el mateix oli fem un sofregit amb la ceba i el tomàquet. Incorporem al sofregit el pollastre, les salsitxes i el vi ranci.

En una olla a part hi posem aigua i quan bulli hi posem les cireres i una mica de sucre i ho deixem bullir mitja hora aproximadament. Passat aquest temps les escorrem i les afegim al rostit.

A part, també bullirem l'orella amb aigua i sal durant mitja hora i també l'afegirem al rostit.

Finalment, fem una picada amb les ametlles, les avellanes i el julivert i la tirem a la cassola.

Si veiem que encara queda una mica cru, hi afegirem una mica d'aigua per deixar que s'acabi de coure.

Pollastre amb pèsols

En una cassola de fang amb oli i una mica de llard, hi posem el pollastre fet a trossos fins que sigui ben rostidet. Un cop rostit, el traiem i, a la mateixa cassola, hi fem el sofregit de ceba, tomàquet i all. Quan el sofregit estigui al punt, hi tornarem a posar el pollastre, juntament amb els pèsols i un parell de gots d'aigua, i ho deixarem coure 45 minuts.

Després hi posarem una picada feta amb ametlles, alls i pa torrat. Hi afegirem també mig got de vi i deixarem que faci xup-xup durant 10 minuts. Passat aquest temps, el plat està a punt per servir a taula.

Ingredients

- 1 pollastre i mig
- 500 g de pèsols
- 2 tomàquets
- 2 cebes
- oli
- llard
- alls
- 12 ametlles
- pa torrat
- mig got de vi

Una altra manera de fer els pèsols

Fem bullir els pèsols i quan siguin cuits els escorrem i els posem en una paella, on tindrem una mica d'oli i cansalada tallada a trossets. Fem que donin un parell de voltes i ho servim ben calent. No els hem de fer excessivament, ja que llavors queden massa secs.

Pollastre amb prunes

Ingredients

- 1 pollastre i mig
- 18 prunes
- 1 ceba
- 1 porro
- 1 tomàquet
- 2 pastanagues
- 1 cabeça d'all
- 1 got de vi blanc sec

Tallem el pollastre a sis quarts, el salpebrem i el posem al forn en una cassola amb meitat d'oli i meitat de greix, la pastanaga tallada a trossos, la ceba tallada a la juliana, el tomàquet partit per la meitat, el porro tallat a trossos, la cabeça d'alls i el vi blanc.

Ho deixem coure fins que sigui ben cuit i, finalment, abans de servir-ho, hi afegim les prunes, que haurem tingut en remull.

Pollastre amb prunes i pinyons

Ingredients

- 2 pollastres
- 2 cebes
- 2 pastanagues
- 4 grans d'all
- 2 tomàquets
- 1 copeta de conyac
- 2 fulles de llorer
- 20 prunes
- un grapat de pinyons
- farina, sal i oli

Tallem el pollastre a trossos, el salem i el passem per la cassola amb dues fulles de llorer i oli ben calent, i deixem que cogui a poc a poquet. Quan sigui mig cuit, hi afegim les cebes, les pastanagues, els alls, els tomàquets i una copeta de conyac. Cinc minuts abans de treure'l del foc, hi afegim les prunes, els pinyons i una mica de farina perquè deixi la salsa espesseta. Passat aquest temps, el podem treure del foc i passar-lo a taula directament.

Aus de corral

La carn de pollastre és tendra i molt digestiva per l'escassa quantitat de greixos que conté. Destaquen per la seva qualitat els anomenats pollastres de pagès, que han estat pujats en absoluta llibertat en els nostres veïnats i sacrificats al voltant dels quatre mesos. Els galls i les gallines són substanciosos i de sabor fort, i són molt adequats per fer caldos i escudelles.

L'ànec és apreciat des de l'antiguitat, és aromàtic i de sabor agradable, i permet les originals combinacions amb aliments dolços i fruites. També l'oca permet acompanyaments de fruites i protagonitza el tan apreciat oca amb peres.

Pollastre amb escarlets

Ingredients

- 1 pollastre gros
- 1 kg d'escarlets
- 1 ceba
- 1 tomàquet
- 3 grans d'all
- julivert
- 12 ametlles
- farina
- caldo

Quan tinguem els escarlets dessalats, els enfarinem i els fregim fins que siguin rossos. Els retirem i els guardem a part.

En una cassola de fang amb un raig d'oli, hi posem el pollastre salat i empebrat, i quan sigui ros també el guardem.

Amb el mateix oli fem un sofregit de ceba i tomàquet. Un cop acabat de fer, hi posem el pollastre i els escarlets i ho remenem tot junt. Ho cobrim amb el caldo i deixem que vagi coent lentament.

Quan sigui quasi cuit, mirem si està bé de sal i ho rectifiquem, si cal. Hi tirem per sobre la picada i ho deixem bullir 5 minuts més. El plat ja està a punt.

Els escarlets: com són i on es troben

L'escarlet és un bolet de barret carnós, massís i dur, un xic escamós al tacte. Quan és petit i tendre, és convex, i quan és gros, aplanat. Té un color de vi més pronunciat en el centre i molt més clar als marges. Té el peu fort i molsut i amb taques rosades. Cal anar a boscos on hi hagi alzines, suros, roures o arboços, i en alguna ocasió també en trobarem a castanyedes de la nostra comarca. Sovint formen erols importants.

Per cuinar-lo, cal treure-li la pela superior, perquè pot resultar amargant. És un bolet perfecte per fer guisats i estofats, i no és tan bo per menjar-lo sol.

D'escarlets, també n'hi ha de blancs i de grocs, però el més conegut és el vermell.

Salsafís amb pastanaga

Rentem i pelem les pastanagues i els salsafís. Els tallem en dos o quatre talls, segons com siguin de llargs.

En una cassola posem a escalfar oli i, una vegada calent, hi tirem la ceba pelada i picada menuda. La sofregim fins que quedi transparent, i llavors hi afegim les pastanagues i els salsafís. Ho empolsinem amb farina, ho salem i hi afegim un xic de sucre. Ho removem tot plegat i hi afegim aigua o caldo, just perquè ho cobreixi. Ho deixem coure lentament, a foc mitjà. La durada dependrà de la frescor dels productes. Ho servim en una plata fonda i amb salsa: és un acompanyament exquisit.

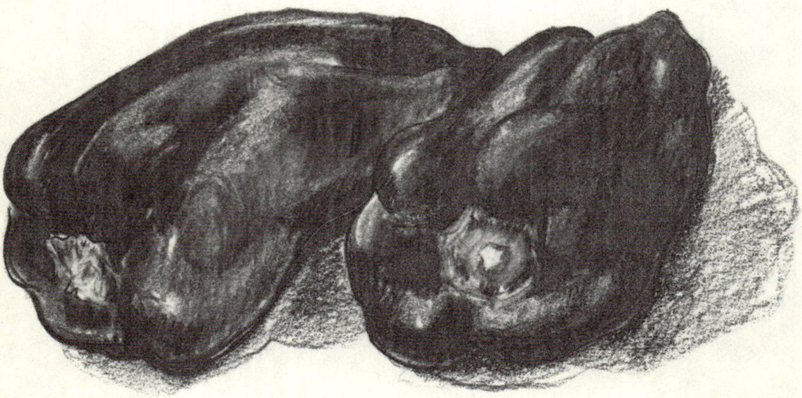

Pollastre amb salsafís

Bullim els salsafís 15 minuts i quan siguin una mica cuits els deixem refredar. Un cop són prou freds els enfarinem i els enrossim, i els reservem en una plata.

Seguidament, fregim el pollastre i quan quedi ros el retirem del foc. Amb l'oli que ha quedat de fregir el pollastre, farem un sofregit de ceba i tomàquet i el passarem per la batedora.

A continuació posem el pollastre en una cassola de terrissa amb el sofregit i el cobrim amb aigua bullent. Quan veiem que el pollastre ja és tou, hi tirem els salsafís. Finalment, quan el cuinat sigui quasi fet, farem una picada d'ametlles, amb un gra d'all i una mica de pa torrat ben fi, i l'afegirem per sobre del pollastre. Ho deixarem coure una estoneta més.

Ingredients

- 1 pollastre i mig
- 1 kg de salsafís sense netejar
- 1 ceba grossa
- 2 tomàquets madurs
- 15 ametlles
- 1 gra d'all
- 1 llesca de pa torrat
- oli
- sal

Pollastre amb xamfaina

Tallem el pollastre a trossos i el posem en una cassola amb oli, sal i pebre. Quan quedi fregit, el retirem del foc i a la mateixa cassola posem el tomàquet pelat i sense granes —que haurem tret prèviament—, la ceba, el carbassó, l'albergínia i el pebrot escalivat, tot plegat tallat petit. Hi tirem el sucre i l'aigua i ho fem bullir una estona. Llavors hi afegim el pollastre i deixem que vagi fent xup xup fins que sigui cuit.

Ingredients

- 1 pollastre i mig
- 500 g de tomàquets
- 1 ceba grossa
- 1 carbassó
- 1 albergínia
- 2 pebrots vermells
- sucre
- oli i sal
- pebre
- aigua

Pollastre amb xampinyons

Ingredients

- 2 pollastres de pagès
- 2 kg de xampinyons que no siguin gaire grossos
- sal
- pebre
- 2 tomàquets
- 1 ceba
- 15 ametlles
- julivert
- alls

En primer lloc, posem en una paella el pollastre tallat a trossos, que haurem salat i empebrat i el fregirem bé.

Al mateix temps, en una altra cassola de fang, preparem un sofregit amb la ceba i el tomàquet tallat petit. Quan el sofregit estigui a punt, hi afegim el pollastre. Tot seguit rentem els xampinyons, els fregim a la mateixa paella on hem fet el pollastre i, un cop fregits, els passem a la cassola del pollastre.

Finalment, hi tirem una picada d'all, julivert i ametlles. Comprovem si està bé de sal i el plat ja està a punt.

Pollastre farcit

Ingredients

- 1 pollastre gros de pagès
- 12 salsitxes
- 2 cebes
- all
- greix
- oli
- canyella
- 1 copa de conyac
- sal

Hem de tenir el pollastre ben net i buit de dins. Aleshores el farcim amb una mica de greix, una ceba petita, tres grans d'all, i l'acabem de farcir amb salsitxes. Finalment, hi posem un escuradents perquè el farcit no surti. Col·loquem el pollastre en una plata i la untem totalment amb greix. Hi afegim una ceba, una cabeça d'alls, un canó de canyella i sal. El posem al forn i l'anem girant. Quan sigui una mica ros, el ruixem amb conyac i el girem fins que sigui ben ros de tots els costats.

Aquest pollastre, l'hem de deixar que cogui a foc baix ben a poc a poc.

Pollastre amb farcellets de col

Del pollastre, en fem divuit talls, els salem i els passem per la cassola amb oli d'oliva. Traiem el pollastre de la cassola i, amb el mateix oli, sofregim la ceba. Tot seguit hi posarem el tomàquet. Quan tinguem fet el sofregit, hi posem el pollastre i el got d'aigua, i ho deixem una estona perquè agafi el gust del sofregit. Comprovem el punt de sal i hi afegim un pessic de pebre i també una picada feta amb les ametlles, els alls i una cullerada grossa de farina.

A part, agafem una col, en llencem les fulles més negres, i les altres les escaldem i les escorrem. Un cop fredes, fem els farcellets, els enfarinem i els fregim en una paella.

Quan el guisat ja sigui fet, hi afegim els farcellets i ho deixem coure a foc baix una estoneta procurant que els farcellets no es desfacin.

Ingredients

- 1 pollastre i mig
- 1 ceba mitjana
- 3 cullerades de tomàquet confitat
- 1 got d'aigua
- 3 grans d'all
- 12 ametlles
- 1 col
- sal
- oli
- pebre

Pollastre farcit de prunes

Agafem un pollastre sencer i el farcim de prunes. El salem, l'empebrem i el posem a la cassola amb cebes, alls, pastanaga i un got de xerès. El deixem al foc fins que sigui ben cuit. Quan ja és cuit, el retirem del foc i el deixem refredar.

Un cop fred, el tallem, l'escalfem de nou una mica i ja el podem servir acompanyat de les verdures i les prunes, que posarem pels costats del plat.

Ingredients

- 1 pollastre gros de pagès
- 18 prunes amb pinyol per guisar
- 6 cebes petites
- 2 pastanagues
- 1 got de xerès sec
- oli
- sal
- pebre

Pollastre amb carxofes

Ingredients

- 1 pollastre i mig
- 10 carxofes
- 2 cebes mitjanes
- 2 tomàquets
- farina
- oli
- greix
- caldo
- all
- julivert
- 12 ametlles
- sal i pebre

Triem la part més tendra de les carxofes. Les partim en quatre talls a manera de creu, les enfarinem i les passem per una paella fins que siguin ben rosses. Les guardem a part.

Posem una part de greix i una altra d'oli en una cassola de fang i hi afegim el pollastre tallat. Un cop enrossit, el separem i el guardem. Amb el mateix oli fem un sofregit de ceba i tomàquet, i quan estigui al punt hi afegim el pollastre i el remenem una bona estona fins que agafi el gust del sofregit. Llavors hi tirem el caldo fins que cobreixi el pollastre i, quan sembli que sigui cuit del tot, hi afegim les carxofes, juntament amb una picada d'all, julivert i ametlles. Finalment, hi tirem una mica de pebre i ho rectifiquem de sal. Ho deixem bullir tot plegat una estona més.

Les carxofes

Arranquem la tija i tallem la part més dura de la base i de la part superior. Traiem també les fulles que, a simple vista, ja es veu que són velles. Tot seguit les podem fer a la brasa o bullides amb aigua i llimona, i en aquest cas es poden menjar acompanyades d'alguna salsa de sabor no gaire fort.

On trobem els rossinyols i com són

Trobem els rossinyols en boscos i pastures, entre la molsa i els brucs; en llocs humits formen gran erols, no tant en altres llocs. Els que trobem en boscos de roures, alzines o brucs són d'un color molt més groc que els de pinedes baixes, tendres i sovint plenes d'herba, que són més blanquinosos però també formen grans erols. És un bolet de color groc tirant a rovell d'ou, carnós, massís i de carn compacta. La temporada de collir-ne és la tardor. És un bolet que de vegades costa de pair; és, per tant, aconsellable menjar-lo ben cuit. No té mai cucs i es pot conservar sec sense que perdi el sabor.

Pollastre de pagès amb rossinyols

Trossegem el pollastre i el posem en una cassola a coure amb oli i greix a parts iguals fins que sigui ben ros. Hi posem una copeta de licor (mitja de conyac i mitja de vi ranci), una ceba tallada, tres tomàquets ben madurs i una llesqueta de pa fregida. Tot plegat ha de coure lentament.

Agafem els bolets, que el dia anterior haurem posat en remull, un mínim de 24 hores, i els rentem ben nets. Els fem bullir durant 5 minuts, els escorrem i els fregim amb una cullerada de farina, all i julivert ben picat. Agafem el tomàquet, la ceba i la llesca de pa de la cassola i ho passem pel passapuré. Ho tornem a posar tot a la cassola, amb els bolets, el pollastre i la salsa perquè faci xup-xup afegint-hi l'aigua corresponent. Quan sigui cuit hi afegim una picada d'ametlles i un granet d'all.

Ingredients

- 1 pollastre gros
- 500 g de rossinyols salats
- 1 ceba
- 3 tomàquets madurs
- 1 llesqueta de pa
- 1 cullerada de farina
- all, julivert, 10 ametlles
- mig got de vi ranci i mig got de conyac
- oli, greix i sal

Pollastre i conill amb bolets

Ingredients

- 1 pollastre
- 1 conill
- 1 kg de bolets salats
- 1 ceba
- 1 tomàquet
- 6 ametlles
- 1 llesca de pa
- 1 gra d'all
- aigua
- oli
- sal

El dia abans, posem els bolets salats amb aigua i, l'endemà, els bullim i els fregim.

Tallem el pollastre i el conill en talls petitets, els salem i empebrem, traiem el fetge del pollastre i el separem.

Posem la carn en una cassola al foc amb oli i ho fem enrossir. Quan la carn sigui rossa, la traiem i la reservem.

A la mateixa cassola, hi posem la ceba tallada petita i, quan sigui ben rossa, hi afegim el tomàquet, procurant que el sofregit quedi ben fet. En aquest moment, tornem a posar el pollastre, el conill i els bolets fregits a la cassola, amb aigua bullent. Tapem la cassola i ho deixem fer durant 1 hora.

En un morter piquem una llesca de pa sec, les ametlles torrades, el fetge de pollastre fregit i un gra d'all, i procurem fer una picada ben fina. La desfem amb aigua calenta i l'afegim a la cassola 15 minuts abans d'acabar de coure.

Bolets congelats

Aquesta manera de conserva ens permet guardar una infinitat de barreges de bolets. Repetidament es diu que la barreja d'una troballa de diferents tipus de bolets és el millor acompanyament per a una fregida de bolets. També podem dir el mateix si els hem congelat prèviament.

Si són grossos, tallem els bolets a trossos petits i deixem els petits sencers, els posem en una cassola de fang amb oli i unes cullerades d'aigua. Tapem la cassola i els deixem coure a foc lent. Si quan ja són cuits hi queda aigua, els destapem perquè s'evapori. Els posem en bosses o pots de vidre i els guardem al congelador un cop refredats.

Per utilitzar-los, hem de descongelar-los lentament.

Pollastre i filet de porc amb bolets

Ingredients

- 12 cuixes de pollastre
- 1 filet de porc
- 1 kg de bolets salats
- 1 tomàquet gros
- 1 ceba grossa
- 12 grans d'all
- 1 llesca de pa
- julivert
- farina
- 1 copeta conyac
- 14 ametlles torrades
- aigua
- oli
- sal

En una cassola amb oli, hi fem enrossir sis grans d'all i una llesca de pa. Ho traiem i ho guardem per fer la picada.

En la mateixa cassola i amb el mateix oli, rossegem la carn, que haurem tallat i salat prèviament. Quan la carn estigui daurada, la reservarem.

Tot seguit, fem un sofregit amb la ceba i un gra d'all, tot tallat petit, i quan estigui rossejat hi afegim el tomàquet. Quan el sofregit estigui fet, hi tornem a posar la carn, hi afegim el conyac i ho deixem coure una estona tot afegint-hi aigua.

Els bolets ja dessalats i bullits, els escorrem, enfarinem i fregim amb oli calent fins que siguin ben rossos; a continuació, els posem a la cassola amb la carn.

Seguidament, fem una picada amb la llesca de pa fregida, els alls cuits, els alls crus, el julivert i les ametlles torrades. Incorporem la picada a la cassola i la deixem coure aproximadament 1 hora a foc lent fins que la carn sigui ben cuita.

Pollastre amb ceba i tomàquet

Tallem el pollastre en sis talls, l'adobem amb sal i pebre i el deixem reposar durant 1 hora. El fregim amb força oli i a foc lent fins que resti ben daurat, i el passem tot seguit a una cassola.

A la mateixa paella de fregir el pollastre, sofregim la ceba tallada a la juliana fins que quedi ben rossa. Llavors hi afegim el tomàquet i ho deixem coure fins que el pollastre quedi ben fet. Un cop sigui tot cuit, juntament amb el sofregit de ceba i tomàquet, hi afegim el vi i una mica d'aigua, i ho deixem coure una estona, rectificant-ho de sal si convé. Finalment, hi posem els xampinyons com a guarnició.

Ingredients

- 1 pollastre i mig
- 2 cebes grosses
- 5 tomàquets
- 200 g de xampinyons
- vi blanc
- sal
- oli
- pebre

Pit de pollastre farcit amb pèsols

Agafem els pits de pollastre i els obrim com un llibret. Els farcim amb pernil dolç i unes llesquetes de formatge. Els arrebossem amb pa ratllat i els fregim amb oli abundant. Per acompanyar-ho, hi posem els pèsols i el pernil saltat. Quan està tot preparat, fem una picada i una salsa, que posarem per sobre. Ho fem bullir durant 3 o 4 minuts i ja està llest per menjar.

Ingredients

- 6 pits de pollastre
- pernil dolç
- pernil salat
- formatge (de la classe que sigui, segons el nostre gust)
- pa ratllat
- oli
- pèsols
- sal

Conill

Conill amb albergínies

Ingredients

- 2 conills i mig
- 1 albergínia i mitja
- 1 ceba
- 2 tomàquets mitjans
- oli
- sal
- pebre
- 6 grans d'all
- julivert
- 10 ametlles
- 1 got de vi
- farina

Coem el conill i, quan sigui ben ros, hi afegim el vi. Ho tapem i ho deixem que es cogui a foc lent. Reservem el conill i, a la mateixa cassola, hi fem un sofregit amb la ceba i els tomàquets.

Tallem les albergínies a talls de mig centímetre de gruix, i les posem amb sal durant una estona. Passat aquest temps, les enfarinem i les fregim.

Posem el conill a la cassola del sofregit i les albergínies fregides i hi afegim la picada feta amb les ametlles, els alls i el julivert, i deixem que faci xup-xup fins que ens sembli que la cassola ja està acabada.

Un consell sobre l'oli

Quan tingueu un oli amb una aroma i un sabor excessius, l'escalfeu amb una molla de pa remullat amb vinagre i una pela de llimona, i el traieu quan ambdós ingredients s'hagin enrossit. El coleu i ja està llest per fer-lo servir.

Conill a la tudelana

Trossegem el conill, el salem i n'untem els trossos amb tres grans d'all i els deixem reposar durant 1 hora, abans de salar-los i empebrar-los. Passem els trossos per farina i els fregim amb oli d'oliva i mitja cabeça d'alls en una paella. Posem el conill en una cassola de fang i hi tirem el vi blanc i el litre d'aigua, i ho deixem coure a foc baix fins que quedi ben tou.

Fem una picada amb els alls que ens hauran sobrat, les ametlles, el pa fregit i una cullerada de farina; l'afegim a la cassola i ho deixem coure tot plegat una estoneta més fent la xup-xup. Ho servim a la mateixa cassola.

Ingredients

- 1 kg i mig de conill
- 1 cabeça d'alls
- mig got de vi blanc sec
- 1 l d'aigua
- 4 cullerades soperes de farina
- 1 torradeta de pa fregit
- 12 ametlles
- oli
- sal

Conill a la vinagreta

Tallem cada conill en sis trossos i els posem en una cassola amb oli ben calent. Quan siguin rossos fem una picada amb els alls i el safrà, seguidament la desfem amb el vinagre i la tirem per sobre del conill, juntament amb els claus, el llorer i el pebre.

Hi afegim aigua, ho tapem i ho deixem acabar de coure.

Ingredients

- 2 conills
- 3 alls
- 3 claus
- 12 grans de pebre
- 1 branca de safrà
- 2 fulles de llorer
- 1 got petit de vinagre
- oli

Conill a la caçadora

Ingredients

- 2 conills i mig
- 1 kg de xampinyons
- 150 g de cansalada viada
- 4 grans d'all
- 20 cebetes
- 1 gotet de vi blanc sec
- 2 culleradetes de tomàquet concentrat
- farina
- 1 l i 500 ml de caldo
- un ramet de llorer, farigola i julivert
- pebre
- sal i oli

Sofregim la cansalada en una cassola amb poc oli i un cop feta la retirem. A la mateixa cassola, hi posem les cebetes pelades i les traiem quan siguin daurades.

Posem el conill tallat a trossos i salat a la cassola i el deixem rossejar una mica. Li traiem el greix, si n'hi ha, hi afegim una cullerada de farina, el deixem coure alguns segons i hi afegim el vi blanc, que deixarem reduir. Tot seguit hi afegim el caldo, l'all trinxat, el tomàquet concentrat, el ramet d'herbes lligat, la sal i el pebre, i també les cebetes; ho deixem coure tot a foc lent fins que sigui tendre. Uns 10 minuts abans d'acabar-se la cocció hi afegim la cansalada i els xampinyons nets, tallats per la meitat i lleugerament fregits.

Per servir-ho, ho posarem tot en una plata i ho empolvorarem amb julivert.

Treure sabors de fregits anteriors

Posem l'oli a escalfar i hi afegim unes quantes rodanxes de patata.

Per aprofitar l'oli, posem l'ampolla cap per avall i l'acostem a una font de calor: tot sol anirà baixant.

Conill al cau

Ingredients

- 2 conills
- 6 pastanagues tendres
- 6 cebes grosses
- 6 tomàquets
- 6 grans d'all
- 450 g d'ametlles
- 1 copa de conyac
- sal
- pebre
- oli d'oliva

Tallem els conills, els salem i els empebrem. Els passem per una paella fins que comencin a ser una mica rossos, i seguidament els flamegem amb el conyac. Una vegada flamejats, els retirem i els estenem bé per tota la base en una cassola per anar al forn sense oli ni cap mena de greix.

A la mateixa paella i amb l'oli que ens ha restat de fregir el conill, fregim les pastanagues tallades per la meitat i també pel llarg, a manera de patata fregida d'un dit de gruix. Quan siguin una mica cuites, les posem a la cassola per sobre del conill.

Passem per la paella la ceba tallada a rodanxes també gruixudes i, un cop sofregides, les posem a la cassola per sobre de la pastanaga.

Fregim també a la paella els tomàquets i, quan ja els tinguem una mica fets, els afegim a la cassola per sobre de la ceba amb tot el suc i els olis de la paella.

Fem una picada amb les ametlles, els alls, una mica de sal i pebre i, quan sigui feta, hi tirem un gotet d'aigua, per afegir també a la cassola. Una vegada tot incorporat, tapem la cassola, la posem al forn a foc molt baix i ho deixem coure durant 3 hores. La cassola estarà acabada quan el conill i les verdures quedin ben tous.

Conill amb prunes

Posem el conill en una cassola, hi afegim la ceba pelada esmicolada i el vi, i ho deixem en maceració durant 4 o 5 hores, donant-li un tomb de tant en tant.

Transcorregut aquest temps, ho escorrem, ho eixuguem i ho salpebrem segons el gust.

Escalfem una mica d'oli en una paella ampla i hi fregim el conill a foc viu fins que quedi enrossit per tots els costats. Hi afegim el líquid de la marinada, les prunes i ho deixem a foc molt suau al voltant de 45 minuts. Si cal, hi tirem una mica de suc.

Ho tastem i ho rectifiquem de sal. Després ho passem a una plata, ho acompanyem de les prunes i hi tirem per damunt el suc de la cocció.

Les prunes, les haurem d'haver posat a macerar en vi semidolç i uns quants claus d'espècies 2 hores abans del cuinat.

Ingredients

- 1 conill i mig
- 1 ceba grossa
- 1 got de vi blanc
- 150 g de prunes sense pinyol
- oli
- sal
- pebre

Conill amb cargols

Ingredients

- 300 g de cargols
- mig conill
- 500 g de costella de porc
- 12 salsitxes
- 1 ramet de farigola
- 4 tomàquets madurs
- llorer
- 1 ceba
- 4 alls
- sal
- pebre
- oli d'oliva

Rentem bé els cargols i els fem bullir durant 3 hores amb un ramet de farigola; canviem l'aigua una vegada i llavors hi afegim la sal.

Fregim bé el conill, la costella i les salsitxes i ho guardem.

Fem un sofregit de tomàquet, ceba, all i hi afegim el llorer, la sal i el pebre. Quan el sofregit està a punt, hi afegim la carn i els cargols i deixem que cogui mitja hora més, tot sacsejant la cassola perquè es barregi bé.

Com se salen els bolets

Posem els bolets en pots de vidre de la mida que sigui, però cal recordar que és millor que siguin més aviat amples. Hi anem posant alternativament capes de bolets i capes de sal gruixuda. No cal posar-hi ni aigua ni cap altre component. Els mateixos bolets fan aigua, de manera que es produeix una salmorra que els conserva fins a l'hora de consumir-los.

Per dessalar-los, els posem en remull unes quantes hores abans i els rentem diverses vegades canviant l'aigua.

Conill a l'all

Tallem el conill a trossos, el fregim i el reservem. En el mateix oli fregim la ceba, i tot seguit hi incorporem el conill, el vi blanc i una picada feta amb dos alls fregits, quatre grans d'all cru, ametlles, pinyons, avellanes, julivert i una llesqueta de pa fregit.

Ho deixarem coure tot plegat a foc lent durant una estona i ja estarà a punt de servir i menjar.

Ingredients

- 1 conill i mig
- 1 ceba
- 2 alls fregits i 4 de crus
- 16 ametlles
- 20 g pinyons
- 20 g d'avellanes
- julivert
- pa fregit
- oli
- 1 got de vi blanc

Conill amb bolets

Salem el conill, l'empebrem, el trossegem, l'enfarinem i tot seguit el posem a rostir en una cassola de fang. Quan és ros, el retirem del foc.

A continuació, en una paella fregim els bolets. Si són grossos els tallem en trossos petits; si no, els fem sencers fins que siguin ben rossos.

Fem un sofregit de ceba i tomàquet a la cassola de fang i hi posem el conill i els bolets, que vagi fent xup-xup. Ho rectifiquem de pebre si cal. Hi afegim més tard la picada, ho deixem una estoneta i ja ho podem servir.

Ingredients

- 2 conills
- 1 kg de diverses espècies de bolets
- sal
- pebre
- 12 ametlles
- all
- julivert

Conill amb ceba i panses

Ingredients

- 2 conills
- 1 tomàquet
- 2 cebes grosses
- 500 g de panses de Corint
- farina
- oli
- sal
- pebre

Tallem els conills, els salem, empebrem i enfarinem per fregir-los en una paella lentament.

Quan siguin ben fregits els retirem i, a la mateixa paella, hi passem un tomàquet. Quan el tomàquet sigui sofregit, hi afegim una cullerada de farina i ho deixem coure una mica. En aquest moment, hi posem mig litre d'aigua i el conill, i ho deixem coure molt a poc a poc.

Mentre es va fent el conill, tallem les cebes a rodanxes primes, les enfarinem i les passem per una paella amb força oli, i les reservem.

Quan el conill de la cassola sigui ben cuit, hi afegim la ceba cuita i les panses de Corint, que hauran estat en remull amb aigua tèbia 15 minuts abans d'incorporar-les a la cassola. Ho deixarem coure tot plegat a foc lent una estoneta i el plat ja estarà a punt de servir.

Conill amb peres

Partim el conill en dotze trossos i hi tirem sal i pebre negre.

En una cassola amb oli, hi posem el conill i el deixem daurar bé una bona estona. El retirem del foc i el traiem de la cassola.

Posem amb l'oli que queda, tallats petits (no ratllats), la pastanaga, la ceba, el porro, l'api i dues peres a trossos, i, a més, una copeta de vi blanc sec, un litre de caldo de carn, una picada i sal, i ho deixem bullir 15 minuts. Ho passem tot plegat pel colador fi o la trituradora.

Un cop passat aquest temps, ho posem en una cassola baixa juntament amb el conill. Els 3 darrers minuts hi afegim les quatre peres (sense cor), que havíem deixat a part i les fem bullir durant 5 minuts.

Posem tres trossos de conill a cada plat, una pera al mig i ho cobrim amb la salsa.

Ingredients

- 1 conill i mig
- 200 g de ceba
- 200 g de pastanaga
- 50 g de porros
- 25 g d'api
- 650 g de peres
- alls
- 8 avellanes
- 8 ametlles
- julivert
- pebre
- sal
- caldo de carn
- 1 copeta de vi blanc

Conill amb pebrot i tomàquet

Ingredients

- 2 conills
- 3 pebrots verds
- 3 pebrots vermells
- 1 kg de tomàquet
- llard
- pebre
- 10 ametlles
- 10 avellanes
- 2 branquetes de julivert
- oli
- sal

Tallem els conills en vuit trossos, els salem i empebrem. Els posem en una cassola a enrossir amb la meitat d'oli i la meitat de llard. Quan siguin ben rossos, hi afegim el tomàquet, i quan el tomàquet ja sigui cuit, hi afegim aigua i deixem que quedi ben tou.

A part, preparem una paella i hi posem els pebrots tallats a tires llargues; quan siguin una mica rossos, els posem sobre el conill a la cassola.

Fem la picada amb les ametlles, les avellanes i el julivert i, una vegada feta, també l'afegim a la cassola, i ho deixem coure tot 20 minuts més abans de servir.

Reduir la temperatura de l'oli

Sovint l'excés de temperatura de l'oli en els fregits proporciona mal sabor i fa malbé el resultat final. Per evitar-ho, hi hem d'afegir un tros de patata pelada i crua, que s'encarregarà de refredar el greix.

Conill amb salsa de romesco

Posem el conill a coure en una cassola amb oli. Quan sigui ros, hi tirem una ceba tallada petita. Quan tenim la ceba cuita, hi afegim un got de vi negre i un d'aigua, i ho deixem coure una estona. Hi posem tot seguit una fulla de llorer, un brot de romaní, una mica d'orenga, sal i pebre negre. Mentre tot això es cou, fregim unes patates esqueixades, lentament fins que quedin ben rosses, i tot seguit les afegim a la cassola del conill. Finalment, posem per sobre de tot la salsa de romesco i deixem que cogui una estona més. Ho tastem de sal i ja està a punt per menjar.

La nyora, que haurem posat en remull el dia abans, l'obrim i la rasquem de dintre per aprofitar la polpa per fer el romesco.

Per fer la salsa de romesco, posem tots els ingredients que us indiquem a continuació en una batedora i ho triturem bé.

Ingredients

- 1 conill i mig
- 4 patates mitjanes
- 1 got de vi negre
- 1 nyora
- 1 ceba grossa
- 1 fulla de llorer
- 1 brot de romaní
- 1 polset d'orenga
- 4 grans de pebre negre
- oli
- sal

Per fer la salsa de romesco

- 1 tomàquet madur escalivat
- 4 grans d'all també escalivats
- 1 torrada
- 50 g d'ametlles i avellanes
- pebre negre
- 3 cullerades de vinagre
- 6 branquetes de safrà
- 1 nyora

Conill amb llagostins

Ingredients

- 1 conill i mig
- 18 llagostins
- 3 cebes
- 4 tomàquets
- 1 cabeça d'alls
- 1 fulla de llorer
- 1 copa de conyac
- 100 g d'ametlles torrades

Posem al foc una cassola de terrissa amb oli d'oliva per sofregir els llagostins. Un cop fets, els retirem, i a la mateixa cassola rostim el conill tallat a trossos no gaire grossos, salats i empebrats prèviament, juntament amb una fulla de llorer, les cebes, els tomàquets i la cabeça d'all. Quan tot comenci a quedar ben daurat, hi posem un raig de conyac i tapem la cassola. Cal que vigilem que no s'agafi i, si convé, hi afegim una mica d'aigua.

Quan el conill sigui cuit, el retirem de la cassola. Si hi ha massa oli, també el retirem.

Les cebes, els tomàquets i la cabeça d'alls cuits els passem pel passapuré per fer una salsa, que tot seguit posarem a la cassola. Hi tornem a posar tots els trossos de conill i els llagostins, hi afegim la picada i ho deixem coure durant 10 minuts més.

Conill amb pèsols

Tallem el conill, hi posem sal i l'enfarinem. Tot seguit, el fregim amb oli d'oliva i quan quedi ben daurat el reservem.

Amb l'oli del fregit, fem un sofregit de ceba i tomàquet, i quan estigui al punt hi afegim el conill i el ruixem amb conyac. Ho posem a coure a foc lent.

Llavors hi afegim una picada d'all, julivert i avellanes o ametlles. Si volem que la salsa quedi més espessa hi haurem de posar una torradeta.

El temps de cocció depèn de si el conill és més o menys tendre; de tota manera s'ha de procurar que la carn quedi bastant tova.

Uns 10 minuts abans d'apagar el foc, hi posem els pèsols i un xic de caldo de verdures, que haurem fet bullir durant mitja hora amb ceba, tomàquet, julivert, porro, etc. Finalment, ho hem de deixar reposar 2 o 3 hores abans de servir-ho. Llavors només caldrà fer-hi arrancar el bull per poder-ho servir.

Ingredients

- 2 conills
- 1 kg de pèsols
- 1 ceba grossa
- 2 tomàquets grossos
- 1 copeta de conyac
- 10 ametlles o avellanes
- farina
- oli i sal

Conill amb sípia

Ingredients

- 2 conills
- oli d'oliva
- 3 cebes
- 2 fulles de llorer
- 2 sípies
- sal i vi

Posem oli en una cassola i quan sigui calent hi tirem la ceba trinxada. L'enrossim una mica i hi posem el conill, prèviament salat, i les fulles de llorer. Abans no quedi ros, hi afegim la sípia i ho deixem enrossir. Després hi aboquem un got de vi i, quan s'hagi consumit, hi tirem un got d'aigua fins que també es consumeixi. Ho rectifiquem de sal, si cal, i el plat ja està a punt per servir.

Conill amb verdures

Posem, en una paella una mica fonda amb oli, el conill tallat, salat i empebrat i el fregim. Quan el tinguem ben fregit, hi posem el conyac, una mica d'aigua i el deixem coure durant 10 minuts aproximadament. Seguidament, hi afegim les verdures tallades. Ho deixem coure una bona estona posant-hi, si cal, una mica més d'aigua.

Ingredients

- 1 conill i mig
- 2 cebes grosses
- 2 tomàquets
- 2 pastanagues
- 1 all porro
- 2 pebrots verds
- 1 pebrot vermell
- api
- oli
- sal
- pebre
- aigua
- conyac

Llebre amb cargols

Posem el dia abans la llebre, tallada petita, a macerar amb vi negre, sal i pebre.

L'endemà escorrem la llebre i la posem a enrossir a la paella. Una vegada enrossida la posem a la cassola, on ja tindrem fet el sofregit de ceba i tomàquet. Hi afegim, a més, una mica d'aigua i una mica de vi de la maceració.

Quan la llebre ja sigui cuita i tova, hi posem els cargols, que ja han bullit a part amb unes fulles de llorer, i la deixem durant mitja hora a foc lent; anirem remenant perquè els cargols agafin el gust de la salsa.

Ingredients

- 1 llebre
- 200 cargols
- 500 ml de vi negre
- 1 cullerada de llard
- 250 g de tomàquet
- fulles de llorer
- 1 ceba
- sal
- pebre
- oli

Xamfaina feta abans i confitada

Ens cal dir abans de res que sempre pensem que la millor xamfaina és la feta en el moment de preparar la cassola, però com que no sempre tenim prou temps, us proposem de fer-la abans i tenir-la al rebost.

Preparem tomàquets, albergínia, pebrot verd i pebrot vermell. Tallem l'albergínia i els pebrots a talls allargassats i els passem per la paella. Quan siguin una mica fets, els traiem i els reservem. Pelem els tomàquets, els traiem la grana i els passem per la paella. Quan ha bullit 10 minuts a foc lent, hi afegim el pebrot i l'albergínia i ho deixem tres quarts d'hora amb una mica de sucre. Finalment, hi afegim albergínia i pebrot escalivats prèviament, perquè l'aspecte de la mateixa xamfaina sigui de peces més senceres. Ho deixem uns 10 minuts perquè s'espesseeixi una mica.

Emplenem els pots de tap metàl·lic i ho fem bullir al bany maria 20 minuts. Els deixem refredar a la mateixa olla; quan ja siguin una mica freds, els traiem i els tornem a deixar refredar al natural. I ja els podem guardar i fer-los servir quan vulguem.

Conill amb xamfaina

Tallem els conills en sis trossos cada un i els posem al foc, després de salar-los i empebrar-los, en una cassola de porcellana o alumini amb oli. Quan comencin a estar rostits, hi afegim una copeta de licor, meitat de conyac i meitat d'aigua. Ho deixem coure entre 45 minuts i 1 hora i seguidament ho retirem del foc.

A la mateixa cassola, hi posem la ceba tallada a la juliana, i quan veiem que ja està prou confitada, hi posem el pebrot escalivat a tires llargues. Si són massa llargues, les tallem per la meitat. Ho deixem junt poca estona i, tot seguit, hi afegim el tomàquet i el conill reservat, i deixem que vagi fent xup-xup durant mitja hora.

Quan veiem que ja està a punt, hi afegim la picada de les ametlles, avellanes, all i julivert.

Cal vigilar que la xamfaina no es quedi sense suc, perquè, si s'ha de tornar a escalfar, convé que no sigui massa eixuta.

Ingredients

- 2 conills petits
- mitja copa de conyac
- 2 cebes mitjanes
- 4 pebrots vermells escalivats
- 1 kg de tomàquet de pot
- all
- julivert
- 8 ametlles
- 8 avellanes
- oli i sal
- pebre

Porc

Colzes amb xampinyons

Ingredients

- 6 colzes
- 600 g de xampinyons
- mig got de vi negre
- oli d'oliva
- 1 cabeça d'alls
- 3 fulles de llorer
- sal
- pebre

Escalfem una plata amb oli al forn a 250 °C.

Salpebrem els colzes i els posem a la plata del forn. Els deixem coure durant 15 minuts, els girem i hi afegim els alls (sense pelar) i el llorer. Esperem 15 minuts més i hi afegim el vi negre i els xampinyons nets i salats.

Ho coem durant 30 minuts més. (Per evitar que els alls amb pela explotin, us recomanem donar-los un cop perquè se'ls trenqui la pell o bé fer-los un petit tall amb el ganivet.)

Filet de porc amb xampinyons

Ingredients

- 1 kg mig de filet de porc
- 1 kg de xampinyons
- mantega
- oli
- sal

Untem el filet amb mantega per tots els costats i hi tirem suc de llimona. Ho deixem macerar un parell d'hores. Passat aquest temps, el coem durant mitja hora

A part, en una paella, saltem els xampinyons amb una mica de mantega fins que agafin un color ros.

Quan la carn ja sigui cuita, hi posem els xampinyons i deixem que faci una mica xup-xup.

Galtes de porc al forn

A les galtes, els fem dos talls paral·lels i, a cada tall, hi posem cansalada, sal i pebre.

Abans ja haurem preparat la llauna amb un llit de patates crues tallades amb un gruix d'un cm. Seguidament, ja hi podem posar les galtes a sobre, amb un bon raig d'oli. Les tindrem al forn uns 45 minuts. Després, perquè quedin més amorosides, hi tirem un got de vi per sobre i les deixem coure 10 minuts més. Ja estaran a punt per menjar.

Ingredients

- 6 galtes
- 500 g de patates
- 150 g de cansalada
- sal
- pebre
- oli
- vi

Galtes a la silenca

En una plata del forn posem les galtes senceres amb oli, i quan siguin una mica rosses les traiem de la plata i les reservem.

En la mateixa plata posem les verdures i la farigola i les hi deixem fins que quedin músties.

Seguidament, tornem a posar les galtes a la plata i, si veiem les verdures molt eixutes, hi afegim una mica d'aigua.

Les couem fins que siguin toves; llavors hi afegim la copa d'anís sec i ho deixem una mica més al foc.

Traiem les galtes i passem les verdures per un colador xinès.

En una cassola posem les galtes, tirem la salsa per sobre i ho deixem un momentet més.

Ingredients

- 12 galtes de porc
- 2 porros
- 1 ceba grossa
- 1 pebrot vermell
- 1 pebrot verd
- 2 tomàquets
- 1 branca de farigola
- 1 copa d'anís sec
- sal
- oli

Galtes amb figues

Ingredients
- 6 galtes
- 30 figues
- 2 cebes
- 1 copa de vi ranci
- 2 alls
- 6 tomàquets
- una mica de farina
- 1 l de caldo de carn
- oli
- sal
- pebre

En una cassola amb oli calent fregim les galtes, que prèviament hem salpebrat, i les reservem. Remullem les figues durant 1 hora amb aigua freda. Seguidament, una vegada escorregudes, les posem en remull amb vi ranci 1 hora més.

Amb el mateix oli de la cassola preparem una salsa. Fregim les cebes tallades ben fines, hi afegim els tomàquets i, finalment, els alls tallats fins. Ho couem a foc lent i hi afegim la farina.

A continuació, hi tirem el vi ranci de remullar les figues i ho deixem reduir. Posem en una cassola el caldo i les galtes, tapem la cassola i ho deixem coure 20 minuts a foc lent. Passem la salsa pel colador xinès i l'afegim, juntament amb les figues, a la cassola. Ho deixem coure tot fins que les galtes siguin tendres.

Galtes amb botifarres

Ingredients
- 6 galtes de porc
- 6 botifarres
- 1 ceba grossa
- 3 tomàquets petitets
- 1 cabeça d'alls
- 1 kg de patates
- 1 copa de conyac
- pebre
- oli i sal

Pelem les patates, les tallem a làmines no gaire primes i les fregim fins que quedin una mica rosses. Un cop fregides, les col·loquem en una safata per anar al forn ben repartides per tota la base. Al damunt de les patates posem les galtes salades i empebrades, les botifarres, la ceba, el tomàquet i els alls solts. Ho posem a coure tot plegat i a mig fer hi afegim el conyac i ho deixem acabar de coure.

Galtes amb verdures

Salem les galtes i les posem en una safata amb oli al forn. Quan ja són una mica rosses, les traiem. A la mateixa safata, amb l'oli que ha quedat, posem les verdures tallades a la juliana. Quan les verdures ja són una mica músties hi afegim les galtes. Al cap d'aproximadament mitja hora hi tirem un got de vi blanc i ho deixem coure fins que quedin ben toves.

Mentrestant, en una paella amb el foc molt baix, fregim les cebes. Quan ja estan fetes les retirem i, seguidament, hi fem les patates petites i senceres i els bolets.

En una cassola posem les galtes ja cuites, les cebes, les patates, els bolets i els pinyons. La verdura que resta de la safata de les galtes la passem pel passapuré. Tirem tot el suc per sobre de la cassola i ho deixem a foc lent, que vagi fent xup-xup durant un quart d'hora. I ja ho tenim a punt de servir.

Ingredients

- 12 galtes
- 2 cebes grosses
- 2 pastanagues
- 2 porros
- 1 tronc de fulla d'api
- 1 pebrot petit
- 2 tomàquets
- 1 got de vi blanc
- sal
- oli

Galtes a la tardor

Ingredients

- 6 galtes
- 600 g de castanyes
- 1 ceba
- 1tomàquet
- 6 ametlles
- julivert
- 2 grans d'all
- 2 carquinyolis
- mig got de moscatell
- sal

Fem una creu sobre les galtes i les rostim. Les reservem i fem un sofregit de ceba i tomàquet. Seguidament, hi afegim les castanyes, que el dia abans haurem posat en remull i que haurem bullit fins que estiguin a punt. Tot seguit, hi afegim la picada d'ametlles, els carquinyolis, l'all i el julivert, i també hi posem el moscatell.

Ho deixem coure uns 10 minuts junt i després ho barregem amb les galtes. Uns 10 minuts més tard ja ho podem retirar i servir-ho a taula.

Galtes amb bolets

Ingredients

- 6 galtes de porc
- 500 g de bolets dessalats
- 2 tomàquets
- 6 cebes petites
- 6 alls
- 1 copa de conyac
- sal

Agafem les galtes i els fem uns talls per sobre, a manera de creu, perquè els sabors hi penetrin més fàcilment. Les posem en una plata amb oli per anar a forn, salades, i amb una mica de llard per sobre, juntament amb les cebes, els alls sense pelar, els tomàquets partits per la meitat i una copeta de conyac.

Els bolets, dessalats per endavant, els passem per la paella fins que siguin ben fregits i tot seguit els afegim a les galtes quan siguin quasi cuites. Ho deixem 15 minuts tot plegat, anant-hi afegint el suc per sobre de tant en tant. Un cop fetes les galtes, les servim a taula amb la mateixa plata.

Garrons amb mongetes

Posem els garrons en remull, amb aigua freda i durant tota la nit, per dessalar-los.

En una cassola gran fem el sofregit amb la ceba, els tomàquets ratllats i el julivert. Ho deixem reduir.

Hi afegim els garrons, els cobrim amb aigua freda i els posem a bullir, lentament, amb una mica de pebre, sal i llorer, durant 2 hores. Abans d'acabar de bullir hi afegim les mongetes ja bullides i, uns 10 minuts abans de retirar la cassola del foc, hi afegim un all i oli negat.

Ho deixem reposar i ja es pot servir.

Ingredients

- 6 garrons de porc
- 400 g de mongetes
- 2 tomàquets
- 2 cebes
- julivert
- oli
- sal
- all i oli
- llorer

Mandonguilles amb sípia i marisc

Agafem la carn i la barregem bé amb l'all i el julivert trinxats, l'ou batut i el pa. N'anem fent boles petites, les enfarinem i les fregim en una paella amb força oli.

Preparem el sofregit amb la ceba ratllada, el tomàquet i una mica d'oli de fregir les mandonguilles. Un cop fet el sofregit posem les mandonguilles, el caldo i la sípia en una cassola de terra i deixem que vagi fent xup-xup uns 30 minuts. Seguidament, hi posem les gambes i els escamarlans i transcorreguts 5 minuts hi afegim la picada. Ho deixem coure tot plegat 5 minuts més i ja estarà a punt de servir.

Ingredients

- 1 kg de carn picada de porc
- 3 sípies
- 12 gambes
- 12 escamarlans
- 4 ous
- molla de pa
- all
- julivert
- 1 ceba grossa
- 3 tomàquets
- caldo
- ametlles torrades
- 1 llesqueta de pa fregit

Llom amb pinya

Ingredients

- 1 canya de llom d'1 kg i 250 g
- 2 cebes
- 2 pastanagues
- 1 porro
- 1 tall d'api
- 1 pebrot vermell
- 1 pebrot verd
- 1 pot de 500 g de pinya
- 1 copa de conyac
- 1 copa de vi blanc

Posem el llom i totes les verdures amb un raig d'oli i una cullerada de greix, tot en fred, en el forn. Quan el tinguem una mica daurat hi tirem el conyac i un got d'aigua perquè es cogui bé. Quan estigui rostit, traiem el llom i les verdures. El llom, el reservem i les verdures, les passem per la batedora. Un cop batudes, les passem pel colador xinès perquè quedi la salsa ben fina.

El llom reservat i fred, el llesquem i el col·loquem en una plata. Hi posem per sobre la salsa de verdures, un gotet de vi blanc i una mica de suc de pinya. Ho deixem fer a foc lent una bona estona.

Posem la pinya en un bol i unes quantes patates rodones per adornar el plat.

Salsafís

Per coure els salsafís, en primer lloc, els netegem pelant-los o rascant-los, tenint cura de posar-los en aigua tot seguit perquè no quedin foscos o negrosos. Els posem a bullir amb aigua salada, els escorrem i enfarinem i els passem per la paella. Ara ja estan a punt per afegir-los al guisat o com a acompanyament.

Llom amb salsafís

Salpebrem el llom, ben matxucat. El lliguem i el posem en una plata amb oli al forn, que ja tindrem calent. També hi posem les verdures.

Quan quedi ros, el ruixem amb un raig de conyac i el tapem. Deixem que es vagi coent a poc a poc i, si cal, hi afegim una mica d'aigua.

Els salsafís s'han de rascar i rentar. Els salem i els posem a bullir uns 20 minuts (segons el gruix). Els escorrem i, quan siguin freds, els enfarinem i els fregim.

Quan el llom sigui cuit, el traiem i el deixem refredar. Passem pel passapuré les verdures i una mica del suc que queda a la plata del forn. Ha de quedar una salsa abundant i espessa.

Quan el llom sigui fred, li traiem el fil i el tallem a llesques fines. Ho tornem a posar tot a la plata d'anar al forn: els talls de llom, la salsa i els salsafís, i ho deixem coure uns 15 minuts més. Quan faltin 5 minuts per acabar de coure, hi afegim la picada de les ametlles, els alls i el julivert.

Per servir-lo, col·loquem els talls de llom en una filera al mig de la plata, els salsafís a cada costat i la salsa per damunt. S'ha de servir ben calent.

Ingredients

- 1 kg i mig de llom de dos colors (sencer)
- 800 g de salsafís
- 4 cebes mitjanes
- 1 cabeça d'alls
- 2 tomàquets
- 1 pastanaga
- 1 copa de conyac
- 15 ametlles
- 4 alls
- 1 branqueta de julivert
- oli
- sal
- pebre

Llom farcit

Ingredients

- 1 kg i mig de llom
- 500 g de carn picada
- 400 g de cansalada virada
- mantega
- 1 ceba
- pastanaga ratllada
- 2 tomàquets
- 6 cebes petites
- 6 patates
- 4 grans d'all fregits
- 12 ametlles

Obrim el llom en tres talls horitzontals, i seguidament el farcim amb carn picada i cansalada viada. El lliguem i el posem a la cassola juntament amb la ceba, els tomàquets i la pastanaga. El fem enrossir i, quan el tinguem ros, el posem al forn 1 hora i mitja.

Tallem el llom a rodanxes i el col·loquem en una cassola. Passem les verdures cuites pel colador xinès i ho afegim a la cassola. Finalment, per acompanyar el plat, hi col·loquem les cebetes, les patates bullides amb una mica de mantega i la picada feta amb els alls fregits, les ametlles, el julivert, sal i un xic d'oli. I ja tenim el plat llest per servir.

Peus de porc amb botifarres

Coem els peus de porc en una olla amb aigua, de manera que quedin coberts, juntament amb la sal necessària i una fulla de llorer.

A part, en una cassola posem un raig d'oli i fem un sofregit amb la ceba mitjana tallada molt petita. Sense deixar-la enrossir gaire, hi tirem un gra d'all trinxat ben petit i, seguidament, el tomàquet. Llavors hi afegim una mica de sucre per treure l'acidesa, una mica de sal i de pebre.

Fem una picada d'all, julivert i ametlles, a la qual afegirem el suc de fer bullir els peus, i ho tirem a la cassola amb el sofregit. Quan hagi fet xup-xup una estona, hi afegim les botifarres i ho deixem coure una mica.

En una plata per anar al forn col·loquem els peus bullits i, pel damunt, hi posem el sofregit amb les botifarres. Finalment, escampem per sobre dels peus un xic de pa torrat i els posem al forn fins que quedin torradets.

Ingredients

- 6 peus de porc
- 3 botifarres
- llorer
- oli
- 1 ceba grossa
- all
- 3 tomàquets
- sucre
- sal i pebre
- julivert
- 12 ametlles
- pa torrat

Peus amb cargols

Ingredients

- 6 peus de porc bullits
- 200 cargols
- 1 ceba grossa
- 2 tomàquets
- 2 grans d'all
- sal
- vinagre
- oli
- pebre
- llorer
- 1 got de vi negre
- all
- julivert

En primer lloc, cal matar els cargols tirant-los aigua bullent per sobre. Un cop morts els rentem amb sal i vinagre.

Tallem els peus a trossos no gaire grossos i els enrossim en una paella amb un xic d'oli. Els retirem del foc i els reservem.

En una cassola fem un bon sofregit de ceba, tomàquet i uns grans d'all. Quan el sofregit ja sigui fet, tirem a la cassola els cargols, els peus, la sal, el pebre, una fulla de llorer i un bon raig de vi negre, i ho posem a coure tot plegat com a mínim 2 hores.

Si es queden sense líquid, hi anem afegint una mica d'aigua de tant en tant. Quan falti poc per acabar-se de coure hi posem una bona picada d'all i julivert.

Carxofes amb salsa verda

Traiem les fulles dures de les carxofes i tallem les puntes de les que restin. Les tallem i les posem a bullir amb una pela de llimona perquè no s'enfosqueixin.

Quan ja siguin cuites, les deixem escórrer, i quan encara siguin calentes, les banyem amb la salsa que tindrem preparada amb dos rovells d'ous, 50 g d'ametlles, un grapat de julivert, un parell d'alls, dos gots d'oli i dos gots de vinagre, i tot passat per la batedora i triturat.

Peus amb carxofes

Ingredients
- 6 peus de porc
- 1 kg de carxofes
- 500 g de tomàquets
- 2 cebes
- oli
- farina
- sal

Per a la picada
- alls
- julivert
- 12 ametlles

Tallem els peus de porc en quatre trossos cada un i els bullim amb sal fins que siguin tous.

Fem un sofregit posant oli en una cassola una mica fonda; quan sigui calent, hi afegim la ceba i el tomàquet ratllat. Mentre es va fent el sofregit, agafem una paella amb oli i hi fregim els peus de porc, que prèviament hem escorregut i enfarinat. Una vegada fregits, els afegim a la cassola on hi ha el sofregit. Mentre va fent xup-xup, enfarinem les carxofes i les fregim. Tot seguit, les posem dins de la cassola amb els peus.

Seguidament, preparem una picada amb tres o quatre alls, julivert i dues dotzenes d'ametlles. L'afegim a la cassola i deixem que vagi coent durant 10 minuts a foc lent.

És millor deixar-ho reposar d'un dia per l'altre perquè agafin més bon gust.

Ossets amb pèsols

Ingredients
- ossets de costelló de porc
- oli
- pèsols
- sal
- aigua
- all
- julivert
- ametlles

Posem al foc una olla amb oli i hi fregim els ossets ben rossos. En aquests moments hi afegim els pèsols, els salem i els tapem perquè bullin a poc a poc.

Quan són tendres desprenen una mica de líquid però, si convé, hi tirem una mica d'aigua de tant en tant. Hi fem una picada d'all i julivert i ametlles.

Peus amb escamarlans

Ingredients

- 6 peus de porc
- 24 escamarlans
- 3 cebes
- 1 tomàquet madur
- 10 grans d'all
- julivert
- 2 llesques fines de barra de pa
- 12 ametlles

Rentem els peus i els posem a bullir amb una fulla de llorer i una ceba.

En una cassola posem oli i fregim les llesques de pa, els alls, les ametlles i el julivert. Una vegada fregit, ho trinxem tot al morter fent una salsa i ho guardem a part.

En el mateix oli fregim la ceba tallada fina, i quan ja és rossa hi afegim el tomàquet i ho deixem fer una estona.

Enfarinem els peus, els fregim i els posem amb la salsa, juntament amb els escamarlans. Hi afegim caldo o aigua fins a cobrir-ho tot, i ho deixem bullir a foc lent durant 15 minuts.

Una vegada passat aquest temps hi afegim la picada i ho deixem bullir 5 minuts més.

Aquest plat cal servir-lo calent a la cassola.

Peus amb marisc

Abans de res, fregim en una paella un tall gros de cirereta, tres grans d'all i una llesqueta de pa de barra que farem servir per fer la picada, i ho reservem.

A la mateixa paella, fregim les gambes i els escamarlans. Els retirem i, seguidament, hi fem un sofregit amb les cebes, els tomàquets i els alls.

En una cassola a part, hi posem els peus, hi tirem el sofregit per sobre i el caldo de peix. Ho deixem coure fins que els peus siguin ben tous. Llavors hi afegim el marisc reservat, les cloïsses i la picada que farem amb els tres alls fregits, la llesca de pa fregida, tres grans crus d'alls, julivert, safrà en branca, ametlles i pinyons. En el moment de servir-ho hi tirem un all i oli negat.

Ingredients

- 12 peus bullits
- 12 escamarlans
- 12 gambes
- 24 cloïsses grosses
- 2 cebes i 2 tomàquets
- 6 grans d'all
- 1 llesca de pa de barra
- julivert
- 12 ametlles
- 12 pinyons
- cirereta

Maneres de preparar els naps

Els millors mesos per menjar els naps són de maig a febrer. És llavors quan són més tendres i amb la carn més compacta.

Per a quasi totes les receptes i maneres de preparar-los hem de rentar-los i pelar-los, encara que siguin petits, que són els millors i més tendres. Els tallem en dos trossos al llarg o en rodanxes molt primes. Els posem a coure amb aigua bullent i sal durant 10 minuts; seguidament, els escorrem, i ja estan llestos per fer-los servir com vulguem.

Peus i garrons amb marisc

Ingredients

- 4 peus de porc
- 3 garrons
- 12 gambes
- 3 tomàquet
- 1 ceba grossa
- 3 grans d'all
- julivert
- sal
- oli
- pebre
- llorer

Bullim els peus i els garrons amb la sal, el llorer, la ceba i els alls. Un cop cuits, els posem en una cassola.

En una altra cassola fem el sofregit de ceba, tomàquet, all, julivert, sal i pebre. Quan sigui cuit el passem per la batedora.

Escampem el sofregit per sobre els peus i els garrons i hi afegim el marisc, que prèviament haurem fregit. Finalment, ho cobrim tot amb una mica de pa torrat, posem la cassola al forn a fer xup-xup i ho retirem quan sigui cuit.

Peus estofats amb naps

Tallem els peus de porc en cru per la meitat; tot seguit els posem a bullir amb el llorer i la farigola durant 2 hores. Passat aquest temps, els traiem i els deixem refredar i escórrer, els enfarinem, els fregim i els retirem.

Després posem a sofregir en una cassola a foc viu, amb oli, una ceba picada, després el tomàquet, dues fulles de llorer, pebre i sal. Tot seguit hi posem els peus reservats i enfarinats i hi afegim una miqueta d'aigua, un got de vi sec i la picada d'ametlles, all i julivert, i ho deixem mitja hora que vagi fent xup-xup. Seguidament, afegim al guisat una bona quantitat de naps pelats i tallats a trossos iguals, i ho deixem tot plegat 15 minuts més a foc lent.

Per preparar els naps, que haurien de ser dels que en diem de Capmany (negres), els bullim durant mitja hora amb una mica d'aigua salada. Els fregim enfarinats i tallats, si són grossos, i els afegim a la cassola vigilant que no s'agafin.

Ingredients

- 6 peus de porc
- 1 ceba grossa
- farigola i llorer
- sal i pebre
- 1 got de vi blanc sec
- 3 tomàquets
- 1 kg de naps
- aigua

Peus amb pèsols

Ingredients

- 12 peus de porc
- 500 g de pèsols
- 1 ceba grossa
- 15 ametlles
- alls i julivert
- sal, oli i farina

Bullim els peus de porc fins que siguin ben cuits, els reservem i en guardem el suc. Els enfarinem i els fregim una mica un cop siguin freds, i els reservem.

Fem un sofregit amb la ceba i hi afegim els peus reservats; hi posem pebre al gust i ho deixem coure lentament. Fem una picada amb les ametlles, els alls i el julivert i hi afegim una mica d'aigua que hem reservat de bullir els peus. Tirem la picada pel damunt dels peus i, al mateix temps, els pèsols, i ho deixem coure fins que els pèsols estiguin al punt.

Peus amb salsafís

Ingredients

- 6 peus
- 1 kg de salsafís bruts
- 1 ceba
- 2 tomàquets
- farina
- oli i sal
- pebre
- llorer
- 12 ametlles
- all

Bullim els peus durant 1 hora i mitja amb tres fulles de llorer. Quan siguin cuits els escorrem.

A part, haurem bullit els salsafís i n'haurem guardat l'aigua. Els fregim una mica enfarinats i els reservem per a més endavant.

Enfarinem els peus, els fregim i els posem en una cassola. Mentrestant, fem un sofregit de ceba i tomàquet que, quan sigui fet, afegirem a la cassola amb sal i pebre segons el gust, i els salsafís reservats. Posem una mica d'aigua de la que hem fet servir per bullir els salsafís i ho deixem bullir a foc lent.

Preparem una picada de sis ametlles i dos alls, una mica d'aigua i ho posem tot plegat a la cassola.

Albergínies fregides

Rentem bé les albergínies, les tallem a rodanxes regulars, les posem en una taula de fusta, les salem i les deixem reposar una hora. Així perden el líquid amargant. Una vegada passat aquest temps, les escorrem i les posem en un plat amb llet.

Escalfem una mica l'oli en una paella.

Piquem el julivert i el barregem amb el pa ratllat. Llavors batem dos ous i els salem. Traiem les rodanxes d'albergínia de la llet i les arrebossem amb els ous i pa ratllat, i seguidament les fregim per tandes fins que siguin ben daurades.

Les escorrem sobre un paper absorbent i les servim de seguida.

Peus amb xamfaina

Ingredients

- 6 peus de porc tallats per la meitat
- 1 ceba grossa
- 2 pebrots vermells
- 1 albergínia
- 500 g de tomàquets
- pebre
- oli
- sal
- farina
- aigua
- vi negre suau

Posem a bullir els peus durant 1 hora i mitja en una olla amb 3 parts d'aigua i 1 de vi negre no gaire fort. Els escorrem i els passem per la paella una mica enfarinats. Amb el mateix oli fregim la ceba tallada a la juliana, els pebrots i l'albergínia. Quan tot això està una mica passat, posem els peus a la cassola. Hi afegim el tomàquet per sobre i ho deixem bullir a foc lent una mitja hora, vigilant que no s'agafi a la cassola. Hi tirem sal i pebre segons el gust de cadascú.

Per fer els farcellets de col

Coem amb aigua i sal unes quantes fulles de col sense tronxos, les escorrem i, posades sobre la taula, les enrotllem de dues en dues, formant uns paquetets llargs i estrets; els passen per farina i ou batut i els fregim ben rossets.

Salsa de tomàquet feta per endavant

Actualment el temps de què disposem per cuinar és cada dia més reduït i convé tenir el màxim de cuinats i salses preparades per poder sortir ben airosos de l'empresa que ens proposem. És per això que us plantegem d'elaborar una salsa de tomàquet per a allò que més endavant vulgueu preparar: espaguetis, arròs a la cubana o altres plats als quals aquesta salsa escau plenament.

Agafem tomàquets ben madurs, els pelem i els traiem les llavors; els esmicolem una mica amb els dits o bé els passem per la batedora. Els posem en una cassola amb una mica de sucre i ho deixem fer a foc lent fins que s'hagi reduït una quarta part. Seguidament, ho posem en pots de vidre amb tap metàl·lic i a coure al bany maria uns 30 minuts com a mínim. Deixem refredar els pots, els traiem de l'olla i els tornem a refredar amb aigua freda. Aleshores ja els podem guardar. Cal tenir cura de salar la salsa quan la fem servir per acompanyar el cuinat.

Peus amb fumet de peix

Fem bullir els peus tallats en una olla amb aigua i sal, i els reservem a part un cop siguin ben cuits.

A part, fem un fumet de peix amb l'escórpora, les julioles, els serrans, el congre, el cap de lluç, els crancs negres (ben aixafats) i els tomàquets. Quan sigui fet, ho passem pel colador xinès i ho reservem. El fumet ha de ser ben espès.

Enfarinem els peus i els fregim. Tot seguit els posem en una cassola, juntament amb les cloïsses, els escamarlans, un pessic de xocolata i el vi blanc, i ho deixem coure una bona estona. Quan ja sigui gairebé tot cuit, hi posem la picada, feta amb els alls i el julivert, i ho deixem acabar de coure.

Ingredients

- 6 peus de porc
- 1 escórpora
- 6 julioles
- 6 serrans
- 1 congre petit
- 1 cap de lluç
- 12 crancs negres
- 2 tomàquets madurs
- 12 ametlles
- xocolata
- 2 alls
- julivert
- 12 escamarlans
- 250 g de cloïsses
- mig got de vi blanc
- oli
- sal

Vedella

Galtes de vedella amb pinetells i rossinyols

Ingredients

- 6 galtes
- 3 cebes mitjanes
- 1 cabeça i mitja d'alls
- 3 tomàquets madurs
- 1 kg de bolets salats
- mig got d'oli
- mig got de conyac
- sal i farina
- pebre negre
- julivert
- 10 ametlles

Posem les galtes de vedella en una cassola a foc viu i hi afegim sal, pebre, la ceba tallada a talls gruixuts i la cabeça d'alls. Ho deixem enrossir una mica, hi afegim el conyac i el deixem evaporar. Tot seguit, hi posem els tomàquets i ho cobrim d'aigua. Ho tapem i ho deixem bullir al voltant d'1 hora, i anem comprovant que quedi tova. Apaguem el foc i ho deixem reposar fins que es refredi. Tallem les galtes i les reservem. Passem la salsa per un colador xinès o un passapuré.

Saltem els bolets, prèviament dessalats i enfarinats, en una paella amb oli i un gra d'all tallat petit. Barregem els bolets i la salsa i ho posem a bullir uns 15 minuts. Després hi tirem la vedella, i una picada amb tres o quatre grans d'all, el julivert i les ametlles. Deixarem que faci xup-xup uns 10 minuts.

(Els bolets, si són salats, s'han de tenir dos dies en remull i anar-los canviant l'aigua.)

Vedella

La carn de vedella, si correspon a un exemplar jove, és pobra en fibres i rica en aigua; per això resulta de fàcil digestió. Es caracteritza pel seu color rosat, greix abundant, tendresa i sabor, molt més que la vaca o el bou. La carn de la vedella de llet és d'un color rosa molt pàl·lid i mancada pràcticament de greix.

La carn dels adults, bou o vaca, és molt gustosa i la preferida per a caldos i estofats. La de primera qualitat és d'un color roig intens, amb filaments greixosos i una capa de greix blanc-groc. La de qualitat inferior té un color més fosc, sense excés de greix i és molt tova al tacte.

Vedella amb bolets

Ingredients

- 1 kg i mig de vedella
- 1 kg de bolets diversos
- 1 ceba
- 1 tomàquet
- aigua
- sal
- 8 ametlles
- 8 avellanes

Si el que voleu és oferir un plat de qualitat, cal que quan aneu a comprar la vedella sigui llata, jarret o també filet de pobre. És clar que és més cara i que amb els anomenats segones sembla el mateix, però no ho és. Per sortir del pas ja farem, però per garantir la qualitat del plat cal triar la carn més bona. Bé, vosaltres mateixos.

Posem, en una cassola amb greix i oli, la vedella a talls i la fem enrossir. La retirem i fem un sofregit de ceba i tomàquet. Quan està ben fet, hi tirem la vedella, els bolets i l'aigua, i ho salem. Ho coem a foc baix una bona hora.

En un morter aixafem ametlles, avellanes, all i julivert i seguidament ho incorporem a la cassola.

Si els bolets són frescos i acabats de collir, els enfarinarem lleugerament i els fregirem una mica en una paella perquè a l'hora de posar-los amb la carn l'espesseeixi.

Rodó de vedella amb bolets

En una cassola posem l'oli a escalfar. Quan sigui roent, hi posem la cabeça d'alls i el rodó de vedella, salpebrat al gust. Quan sigui ben ros el decantem cap a un costat i posem a enrossir les pastanagues tallades a rodelles, la ceba tallada en quatre trossos i seguidament el tomàquet tallat a trossos. Hi posem un xic de pebre, ho tapem i esperem que s'acabi de coure.

En una paella fregim els bolets, que prèviament haurem enfarinat. Retirem el tall de la salsa i el deixem refredar. Passem pel colador xinès les pastanagues, la ceba i el tomàquet. Tot seguit hi afegim la carn tallada del rodó —d'un gruix aproximat d'un dit—, la salsa, el vi blanc, el caldo o l'aigua i una picada de julivert i ametlles. Ho deixem que vagi coent a poc a poc una estona i finalment hi afegim els ous durs partits per la meitat a tall de decoració.

Ingredients

- 1 tall de rodó de vedella d'1 kg i mig
- 1 cabeça d'alls
- 2 cebes
- 2 tomàquets
- 6 ous durs
- 500 g de bolets de llauna
- 4 pastanagues
- julivert
- 1 copa de vi blanc
- 50 g ametlles
- oli
- sal

Galtes de vedella amb bolets

Ingredients

- 3 galtes de vedella
- 1 ceba grossa
- 2 tomàquets mitjans i ben madurs
- 4 grans de pebre
- 1 fulla de llorer
- 1 copa de vi ranci
- 1 gra d'all
- 12 ametlles
- sal

Posem les galtes a bullir amb el llorer i quatre grans de pebre. Si la vedella és tendra la deixarem coure 1 hora; si és vella haurà de bullir més estona. Un cop cuita, la retirem i la deixem refredar. Tallem els voltants de les galtes per aprofitar-ne solament la part del mig. Les tallem a làmines i les salem, enfarinem i fregim una mica amb oli i llard. Un cop retirades, fem un sofregit de ceba; quan la ceba sigui rossa, hi afegim el tomàquet sense la grana i el vi ranci. Fem tot seguit una picada d'ametlles, all i julivert i la incorporem al sofregit. Posem les galtes a la salsa i ho deixem coure tot plegat durant 15 minuts, afegint-hi una mica d'aigua, si cal.

Com assecar bolets

Es poden assecar diversos bolets, però segurament el més assecat a les nostres contrades és el cama-sec. Cal que tinguem un lloc ben ventilat, poc humit i si pot ser de cares a sol. Posem els bolets sobre una tela mosquitera o, si en tenim, un garbell, i els deixem uns quants dies removent-los un cop al dia amb cura; així s'assecaran d'una manera més regular. Un cop assecats, els guardem en pots de vidre tancats i els desem en un lloc fresc i sec, o bé en bosses de cel·lofana ben tancades.

Per fer els cuinats posteriorment, cal tenir-los en remull el temps necessari perquè s'estovin.

Vedella amb patates i pèsols

Ingredients

- 1 kg i mig de llata de vedella
- 2 porros
- 2 cebes
- 1 tomàquet
- 20 patates petites
- 250 g de pèsols
- sal
- oli
- 750 ml o 1 l d'aigua
- mig got de conyac (mesura tallat)

Per a la picada

- 3 grans d'all
- 3 branques de julivert
- 12 ametlles
- 12 avellanes
- 2 carquinyolis
- un pols de sal

Agafem la llata de vedella i la salem. Mentrestant, posem la cassola al foc amb una mica d'oli. Quan sigui calent, hi posem la vedella. Quan sigui ben rossa, hi afegim la ceba i el porro tallat a la juliana. Al cap d'una estona, hi afegim el tomàquet ratllat i el deixem coure. Tot seguit hi tirem el conyac i deixem que s'evapori durant 5 minuts i, finalment, hi afegim l'aigua. Rectifiquem de sal i ho deixem bullir a poc a poc durant 1 hora i mitja o 2 hores, fins que en punxar la vedella ja sigui tova. Tot seguit, la posem en una plata i la deixem refredar per poder tallar-la ben fina.

Aleshores, agafem tot el que queda dins la cassola i ho passem per la batedora. Ho tornem a la cassola, fem la picada i la hi afegim. Deixem que bulli durant 1 hora i hi afegim la vedella.

Les patates, les pelem i les fregim a la fregidora. Tot seguit les afegim a la cassola i ho deixem bullir tot durant 30 minuts.

Finalment, hi afegim els pèsols, que farem bullir durant 15 minuts, i la cassola ja estarà feta.

Vedella farcida

Per fer aquest plat, cal que comprem llata i que demanem que ens l'obrin per farcir. Un cop oberta, hi escampem la carn picada, prèviament barrejada amb ceba tallada ben petita i un raig de vi blanc; enrotllem el tall i el lliguem.

El fem coure en una paella a foc viu i, quan ja s'ha rossejat, el posem al forn en una cassola, juntament amb la ceba i la pastanaga. Quan la llata ja és cuita, la deixem refredar i en fem talls prims.

Llavors tallem els xampinyons a làmines, els fregim amb mantega, els posem juntament amb la salsa i deixem que facin una estona xup-xup.

Passem la ceba i la pastanaga pel passapuré.

Ingredients

- 1 kg de vedella de llata
- 500 g de carn picada barrejada de vedella i porc
- 2 pastanagues
- 2 cebes
- 1 got de vi blanc
- 300 g de xampinyons

Vedella a la cassola

Ingredients

- 1 kg de vedella
- 50 g de pernil del país
- 3 tomàquets madurs
- 300 g de patates
- 2 pastanagues
- 4 cebes mitjanes
- 1 fulla de llorer
- 1 copa de vi blanc
- sal i pebre
- greix i oli

En una cassola de fang escalfem el greix i l'oli. Quan sigui calent, hi fregim el pernil i els talls de vedella. Quan comenci a daurar-se la carn, hi afegim les cebes tallades a la juliana i el llorer i deixem sofregir la ceba. Llavors hi afegim el tomàquet en salsa, les pastanagues a talls rodons i el vi. Ho rectifiquem de sal i pebre al gust. Cal que tapem bé la cassola i que ho deixem coure a foc lent fins que la carn sigui ben cuita. Tallem les patates a quadres i les fregim fins que siguin ben rosses; seguidament les incorporem a la cassola i les deixem coure uns quants minuts més.

Vedella a la jardinera

Ingredients

- 500 g de vedella
- 6 cebes petites
- 2 cebes per al sofregit
- 3 tomàquets
- 2 grans d'all
- 8 ametlles
- julivert
- sal
- oli
- un raig de conyac
- 15 pastanagues petites
- 250 g de pèsols

Enfarinem els talls de vedella i els fregim en una paella. Quan siguin rossos, els reservem.

En una cassola, fem un sofregit amb la ceba ratllada i el tomàquet trinxat. Un cop fet, hi afegim una mica d'aigua i hi posem la vedella.

A part, coem una mica les pastanagues, els pèsols i les cebes. Quan tinguem això a punt, ho afegim a la vedella i ho deixem coure a foc lent.

Fem una picada amb les ametlles, l'all i el julivert, i la posem a la cassola. També hi tirem un raig de conyac. Ho deixem coure una mica més i ja estarà a punt de servir.

Sobre la carn

La carn de vedella és de les menys sucoses, però també és bona i conté més gelatina que altres. Procureu escollir-la més aviat grassa que magre, de teixit fort i atapeït.

Conèixer la qualitat de la carn és cosa fàcil: la carn bona és massissa, espessa, molt roja i virada amb blanc de greix. Aquesta part de greix ens dóna l'edat de l'animal. Si és vell, el greix és grogós; si és jove, és molt més blanca i amb tons rosats.

De la carn d'escorxador, la més fina i substanciosa són els filets, que per això és la més cara.

Segueix, en qualitat, la carn de llom, els bistecs, els entrecots, que també es presten molt bé a fer-ne rostits.

Pota i tripa amb xamfaina

Ingredients

- 2 kg de pota i tripa
- 1 ceba grossa
- 2 pebrots vermells
- 2 pebrots verds
- 500 g de tomàquets
- 2 albergínies
- farina
- sal
- pebre
- oli
- greix
- sucre
- aigua
- pebre

Posem la tripa i la pota en una olla al foc que bulli. Al cap de 2 hores, la retirem, l'escorrem i deixem que es refredi.

En una paella, hi posem oli i greix i, quan sigui calent, hi enrossim la tripa i pota. La traiem de la paella quan estigui i en el mateix oli enrossim la ceba tallada a llesques fines. Quan estigui daurada hi afegim el pebrot tallat a trossets i ho deixem sofregir a poc a poc uns 20 minuts. Tot seguit, hi podem posar la tripa i la pota i afegir-hi els tomàquets que haurem pelat i tallat. Aleshores hi afegim la farina, la sal, un pols de pebre i el sucre per treure l'acidesa del tomàquet. Tot seguit, hi posem les albergínies tallades a daus, que abans haurem fregit a part, i ho deixem coure tot junt uns 20 minuts a foc lent. Cal servir-ho calent.

Vedella i pollastre de pagès amb bolets

Tallem el pollastre a trossets regulars, el posem a la cassola amb oli i el fem enrossir una miqueta. Rostim la vedella tota sencera.

En una paella amb el mateix suc de fer enrossir la carn fem un sofregit amb la ceba tallada a trossets i, quan comença a enrossir-se, hi posem el tomàquet.

Un cop acabat el sofregit, el passem per la batedora juntament amb les ametlles, les avellanes, els alls, el julivert i el conyac. Tot això, ho posem a la cassola amb el pollastre i ho deixem coure una estona.

Els bolets, un cop dessalats, els fem bullir en una olla. Els traiem, els escorrem bé, els enfarinem i els fregim. Llavors els afegim a la cassola, al mateix temps que la vedella tallada ben primeta. Ho sacsegem de tant en tant i deixem que vagi fent xup-xup fins que la carn quedi tova.

Ingredients

- 1 pollastre
- 1 kg de vedella
- 1 kg de bolets
- 1 ceba
- 1 tomàquet
- 18 ametlles
- 4 avellanes
- 1 copeta de conyac
- 2 grans d'alls
- julivert
- sal
- oli

Vedella estofada amb xampinons

Trossegem els tomàquets, la ceba i els alls. Trossegem també els xampinyons i els posem en una paella, perquè deixin anar l'aigua.

Tallem la carn a daus i la posem en una cassola. La fregim donant-li voltes constantment, durant uns 10 minuts. Tot seguit, hi afegim el tomàquet, la ceba, els alls i el llorer. Ho deixem coure uns 20 minuts i hi afegim el vi. Quan la carn sigui mig cuita, hi posem els xampinyons i ho acabem de coure al gust, rectificant-ho de sal, si cal.

Ingredients

- 1 kg i mig de vedella
- 500 g de xampinyons
- 250 g de ceba
- 250 g de tomàquet
- 1 fulla de llorer
- 7 grans d'all
- 1 got de vi blanc
- oli
- sal

Com pelar els tomàquets

Quan vulguem pelar els tomàquets, posem aigua a bullir, i quan bulli amb força hi enfonsem els tomàquets durant 3 segons. Els traiem tot seguit, i els posem amb aigua freda perquè tornin a endurir-se. Amb un ganivet, fent servir el cantó oposat al tall, pressionem bastant sobre els tomàquets. Després amb el tall els pelem, així la pell es desprendrà molt més fàcilment.

Vedella amb figues

Ingredients

- 1 llata de vedella de 2 kg
- 18 figues seques
- 2 cebes
- 1 porro
- 2 pastanagues
- 1 branca de romaní i de farigola
- 1 cabeça d'alls
- 5 tomàquets
- 1 copeta de vi blanc
- 100 g de llard
- sal i pebre
- 25 g d'ametlles
- 2 galetes (tipus maria)
- mitja copa de vi ranci

Salpebrem la llata de vedella i la fiquem en una cassola tapada per anar al forn amb el llard. Quan sigui una mica enrossida, hi afegim la ceba, el porro, les pastanagues tallades a trossos, les branques de romaní, la farigola i els alls. Passada una estona hi afegim el tomàquet i el vi blanc i, si cal, una mica d'aigua. Ho deixem coure a poc a poc, ben tapat, unes 2 hores.

Separem la carn de la cassola. El suc i les verdures els passem pel colador xinès per fer-ne una salsa. Posem la salsa a foc lent i hi afegim les figues, que hauran estat en remull 4 hores amb una mica d'aigua. Les deixem coure lentament. Al cap d'una estona, fem la picada d'ametlles i galeta i la hi afegim.

La carn la deslligarem i la tallarem a talls d'un centímetre de gruix (es talla millor si és ben freda). Afegim la carn a la salsa i ho deixem bullir a foc lent uns 5 minuts.

Vedella i bou amb vi negre

Ingredients
- 3 cues de bou
- 3 pastanagues
- 2 cebes mitjanes
- 4 grans de pebre
- 2 fulles de llorer
- 250 ml de vi negre
- caldo de carn
- oli
- farina

Tallem cada cua en quatre talls pel rodó, les enfarinem i les enrossim en una cassola. Quan siguin rosses, les retirem i les reservem.

Posem a la mateixa cassola la ceba ratllada i la pastanaga tallada en trossos petits. Quan la ceba sigui rossa, hi afegim les cues i les deixem coure, afegint-hi el caldo, el vi negre, quatre grans de pebre i el llorer. Ho deixem bullir lentament 2 hores i mitja.

Quan notem que les cues són toves, les traiem de la cassola i posem el suc que han deixat en una olla per passar-lo per la batedora i pel colador xinès.

Col·loquem adequadament les cues en una altra cassola i les ruixem per sobre amb el suc. Ho deixem reduir una mica més.

Llengua de vedella amb cama-secs

Ingredients

- 1 llengua de vedella grossa
- 200 g de cama-secs
- 20 cebetes petites
- 2 pastanagues
- llorer
- farigola
- sal
- pebre
- oli
- 1 got de vi negre

La llengua, la posem amb aigua bullent durant uns 2 minuts perquè després, raspant-la fortament amb un ganivet, li puguem treure fàcilment la pell dura que la cobreix.

Una vegada neta la col·loquem a la cassola, damunt d'un tou format per mitja ceba, una pastanaga, una fulla de llorer, farigola i també un xic de pebre. Després hi tirem la sal corresponent, hi afegim oli i ho fem coure fins que les herbes i els llegums esmentats siguin ben sofregits. A continuació, hi afegim un got de vi negre i quan hagi minvat bastant hi tirem l'aigua en quantitat suficient fins a cobrir la llengua, i ho deixem coure.

Quan la llengua sigui cuita i la salsa ben reduïda, passem tots els llegums pel passapuré, per fer la salsa espessa.

Fem la llengua a talls i els col·loquem en una cassola. Posem la salsa colada per damunt la llengua juntament amb els cama-secs, prèviament remullats i saltats, i les cebetes sofregides.

Deixem que cogui tot uns 15 minuts, ho rectifiquem de sal i ja està a punt de servir.

Com són els cama-secs

El cama-sec és un bolet petit d'entre dos i cinc centímetres de diàmetre, de color marró clar o avellana. Quan ja és obert presenta un petit gep, i té el peu d'un color una mica més clar que no pas el barret. És prim i la seva flexibilitat en dificulta el trencament si no es retorça bé.

Trobarem els cama-secs en prats o marges dels camins. Formen erols que sempre apareixen al mateix lloc i són fàcilment visibles. En podem trobar a la primavera o la tardor i, fins i tot, després del final d'estiu si ha plogut.

Albergínies farcides

Sense treure'ls la pell, les tallem per la meitat al llarg, buidem la polpa que tenen (mirant de deixar-n'hi una mica perquè faci de paret) i les passem per una paella. La polpa que hem tret, tallada a trossets, la barregem amb la carn picada i l'all i la sofregim. Després hi afegim la ceba, el pernil tallat petit i el tomàquet. Ho barregem amb una beixamel i ho salem tot plegat. Ho deixem refredar, i llavors hi barregem una tercera part de l'ou. Omplim l'albergínia i la passem tota sencera per la resta de l'ou batut i pel pa ratllat, i la posem al forn a daurar.

Mandonguilles amb gambes

Piquem la carn i la barregem bé amb una mica d'all, julivert trinxat, l'ou batut i el pa. Formem boles petites, les enfarinem i les posem a fregir en una paella amb oli.

Preparem el sofregit amb la ceba tallada petita, el tomàquet i l'oli de fregir les mandonguilles. Un cop cuit el sofregit, hi incorporem les mandonguilles, el caldo i ho rectifiquem de sal i pebre.

Les deixem coure uns 20 minuts i seguidament hi afegim la picada i les gambes.

Ho deixem coure uns 10 minuts més tot plegat.

Ingredients

- 500 g de carn picada de vedella
- 500 g de carn picada de porc
- 24 gambes
- 1 ceba grossa
- 3 tomàquets
- pa
- alls
- julivert
- 500 ml de caldo
- 1 ou
- 300 g d'ametlles torrades
- 1 punta de xocolata

Per al caldo

- 1 ceba
- 1 pastanaga
- 1 bleda
- 1 patata
- 1 porro
- 1 carbassa
- 1 tall de pit de vedella
- 2 ossos d'espinada
- 1 pit de pollastre

Xai i cabrit

Cuixa de cabrit al forn

Ingredients

- 6 cuixes de cabrit
- 1 got de vi
- llimona
- herbes
- pebre
- canyella
- 1 copeta de conyac
- 6 cebes petites
- 6 pastanagues
- alls
- oli
- sal
- pebre

El dia abans posem les cuixes a macerar amb un raig de vi, les llimones i algunes herbes que els donin gust.

Salpebrem les cuixes, hi afegim la canyella i ja ho tenim llest per rostir.

Un cop rostit, hi afegim els grans d'all, les cebetes petites, la pastanaga, els tomàquets tallats per la meitat i un raig de conyac.

Finalment, ho mig cobrim d'aigua i ho posem al foc, aproximadament uns tres quarts d'hora. En acabat, ja està llest per servir.

Cabrit en salsa

Ingredients

- 1 kg i mig de cabrit
- alls i nyores
- 1 llesca de pa de barra
- 1 got de vi blanc sec
- julivert
- bitxo picant o cirereta

Fregim dos alls, dues nyores i un tros de pa. A continuació, fregim el cabrit, i quan és ben ros hi afegim un got de vi. Un cop fregit tot, fem una salsa amb les nyores, els alls i el pa fregit, i hi afegim un gra d'all cru, una mica de julivert i un tros de bitxo o cirereta.

Cuixa de xai farcida

Agafem la cuixa de xai i la farcim amb el bacó.

En un bol posem la carn picada, la menta, el xerès, els xampinyons —que prèviament haurem passat per la paella—, un ou batut, la sal, el pebre i ho barregem tot plegat. Omplim la cuixa de xai amb aquest farciment i seguidament la lliguem bé i la posem en una plata per al forn amb una mica d'oli.

Quan la cuixa sigui daurada, hi posem les verdures tallades a la juliana, el ramet de les herbes, el vinagre i el xerès. Amb les verdures cuites hi afegim el caldo o l'aigua i ho deixem coure durant 2 hores. Passat aquest temps ho traiem i ho reservem. Quan la cuixa sigui freda, la tallem en trossos prims i la posem en una cassola.

Passem les verdures per la batedora i per un colador. Les posem a la cassola i hi afegim els xampinyons, regats amb la llimona perquè no quedin negres, i les cebes petites, i ho deixem coure mitja hora.

A part, fem la picada amb alls, julivert, ametlles, pa fregit i xocolata, l'afegim a la cassola i ho deixem fer una estona més.

Ingredients

- 2 cuixes de xai per farcir
- 200 g de carn picada de vedella o porc
- xampinyons
- cebes petites
- bacó
- 1 ou
- 5 fulles de menta
- llimona
- ceba
- api
- porro
- alls
- pastanagues
- tomàquets
- llorer
- farigola
- julivert
- mitja copeta de xerès sec
- 1 cullerada de vinagre
- aigua o caldo
- oli i sal
- pebre
- ametlles
- pa fregit
- xocolata

Espatlla de xai amb verdures

Ingredients

- 1 espatlla de xai
- pèsols
- carxofes
- pastanagues
- cols
- 5 grans d'all
- 2 cebes
- 3 tomàquets
- 1 got de vi blanc
- julivert
- 1 llesca de pa
- 10 ametlles

De l'espatlla de xai, en fem sis talls i els posem a macerar amb dues cebes, cinc grans d'all, tres tomàquets tallats a trossos (sense granes ni pell), un raig de vi blanc i sal, durant 8 hores abans de coure-la.

Quan hagi passat aquest temps, enfarinem la carn i la posem en una cassola amb oli ben calent. Quan l'espatlla sigui rossa la retirem i, en el mateix oli, hi posem les cebes, els alls, els tomàquets i el vi que haurem fet servir per macerar. Quan sigui una mica cuit, ho triturem amb la batedora, ho tornem a posar a la cassola amb l'espatlla de xai reservada i ho deixem fer lentament.

Al cap d'una estona hi afegim pèsols, pastanagues, escarxofes, cols de Brussel·les, cebetes, etc., (la quantitat d'aquestes verdures dependrà del que cadascú en vulgui). Ho deixem coure tot plegat fins que la carn quedi tova.

Fem una picada amb el julivert, les ametlles i el pa torrat i l'afegim a la cassola 5 o 10 minuts abans d'acabar el cuinat.

La carn de xai

La carn de xai convé comprar-la i menjar-la quasi de seguida, ja que es conserva amb menys garanties. El pit és exactament el ventre, la part que queda sota les costelles. És ric en greixos i resulta ideal per fer guisats i com a aportació important a l'escudella.

La raça i l'alimentació dels animals tenen una relació directa amb la qualitat de la seva carn.

Una bona manera de millorar el sabor d'aquesta carn és acompanyar-la d'alguna salsa adequada, com pot ser la tàrtara, especial per a plats de graella. Per fer-la cal tenir maionesa, cogombres petits a la vinagreta, tàperes, herbes aromàtiques i vinagre.

Piquem els cogombres i les tàperes molt finament i els passem per un drap, els barregem amb les herbes, la maionesa i el vinagre fins que la salsa recuperi l'espessor que tenia la maionesa sola.

Xai amb castanyes

Ingredients

- 1 kg de xai
- 500 g de castanyes
- 10 cebes petites
- 200 g de pernil salat
- 2 pastanagues
- oli
- sal
- pebre

Posem aigua a bullir en un cassó. Pelem les castanyes i les coem amb l'aigua bullent durant mitja hora.

En una cassola, amb una mica d'oli, couem les cebetes petites i les pastanagues, que ja hem netejat, tallades a rodanxes. Les retirem un cop cuites i, en el mateix oli, hi posem la carn. Quan sigui ben enrossida, la retirem.

Posem el pernil a la cassola i damunt seu, la carn, les cebes, la pastanaga i les castanyes. Hi afegim el vi i ho cobrim amb el suc.

Tapem la cassola i ho deixem a foc lent al voltant de 2 hores, fins que la carn sigui ben amorosida. Ho tastarem i ho rectificarem de sal. Se serveix calent.

Xai amb verdures

Ingredients

- 3 espatlles de xai
- 6 pastanagues
- 5 fulles d'api tallades petites
- 6 tomàquets petits
- 1 got de vinagre
- oli
- greix
- herbes provençals

Posem oli i greix a la cassola i seguidament la carn, que haurem salat, i deixem que es vagi rostint. Quan sigui un xic cuita, hi posem les cebetes petites. Una vegada sigui ben rostida, hi posem la pastanaga tallada a rodelles petites, i quan sigui una mica feta hi afegirem l'api. Ho deixem coure tot plegat una mica, hi afegim un gotet de vinagre i ho tornem a deixar coure una estona més. Tot seguit, hi afegim una mica d'herbes provençals. Ho cobrim tot plegat d'aigua i ho deixem coure fins que la carn quedi ben tova. Finalment, hi posem els tomàquets i ho deixem una estoneta més fins que els tomàquets siguin cuits.

Espatlles de xai al forn

Tallem les espatlles en dos trossos, les salpebrem i les posem en una plata per anar al forn, amb una mica d'oli, les cebes senceres, les pastanagues (tallades de través, no gaire grosses), el porro, l'api, i la cabeça d'alls.

Quan tot plegat sigui mig cuit, hi afegim una mica de conyac.

Les patates, les fregim a part i les posem a la plata de les espatlles quan siguin ben cuites.

Finalment, ho deixem coure tot plegat una estona.

Ingredients

- 6 espatlles petites
- 6 cebes petites
- 3 pastanagues
- 1 porro
- 1 tros d'api
- 1 cabeça d'alls
- 6 patates petites
- 1 copeta de conyac
- sal
- pebre
- oli

Pit de xai amb pèsols i carxofes

Ingredients
- 1 kg de pit de xai
- 600 g de pèsols
- 6 carxofes
- 1 ceba grossa
- 200 g de tomàquets
- sal
- pebre

Per a la picada
- 2 grans d'all
- julivert
- 100 g d'ametlles
- 1 llesca de pa fregit

Posem en una cassola l'oli i el llard. Un cop calent hi afegim el pit de xai, que haurem tallat a trossos i el deixem coure uns 25 minuts. Un cop enrossit, el retirem de la cassola.

Amb l'oli que ha quedat, daurem la ceba tallada ben fina, i quan sigui rossa hi posem uns grans d'all tallats ben petits i unes gotes d'aigua fins que quedi la ceba ben confitada. Seguidament, hi posem el tomàquet i el deixem coure lentament fins que sigui fet i hi afegim aigua bullint, el salem i l'empebrem segons el gust. Després hi afegim els pèsols i les carxofes, que haurem tallat, enfarinat i fregit a part. Finalment, hi afegim la picada, i ho deixem coure tot plegat uns 25 minuts.
Hem de procurar servir-ho ben calent.

Vena de coll amb albergínies

Agafem la vena de coll i la tallem a talls rodons o llargs (per la meitat). La posem a coure a la cassola amb una mica d'oli. Quan ja sigui una mica rossa hi posem una cebeta tallada petita i un gra d'all. Ho deixem enrossir tot plegat i hi afegim un gotet de vi i un tomàquet petit triturat. Quan està tot ben sofregit, hi posem aigua perquè es cogui, i hi afegim la sal necessària i la picada.

A part prepararem les albergínies. Les pelem una mica i en fem talls rodons d'un parell de dits de gruix; les salem i les deixem durant una bona estona a l'escorredora. Més tard les rentem ben netes, les enfarinem i seguidament les fregim. Un cop fregides, les posem a la cassola amb la vena de coll i esperem fins que faci xup-xup.

Ingredients

- 500 g de vena de coll
- 1 ceba grosseta
- 3 albergínies
- 3 tomàquets petits i madurs
- all
- 1 gotet de vi
- oli
- aigua
- sal
- julivert
- 12 ametlles
- farina

Vena de coll amb xamfaina

Ingredients

- 1 kg i mig de vena de coll de xai
- 3 cebes mitjanes
- 1 pebrot verd
- 1 albergínia
- 500 g de tomàquets
- sal i oli

Agafem la vena de coll de xai tallada a trossos, la salem i la fregim. Una vegada fregida, la retirem.

Fem una xamfaina amb tres cebes una mica grosses, un pebrot verd, una albergínia i tres o quatre tomàquets pelats. Fregim la ceba, el pebrot i l'albergínia i, quan siguin ben rossos hi tirem el tomàquet pelat i un pols de sal. Deixem que vagi fent el bull lentament i llavors hi tirem la vena de coll fregida i la deixem coure fins que veiem que està al punt.

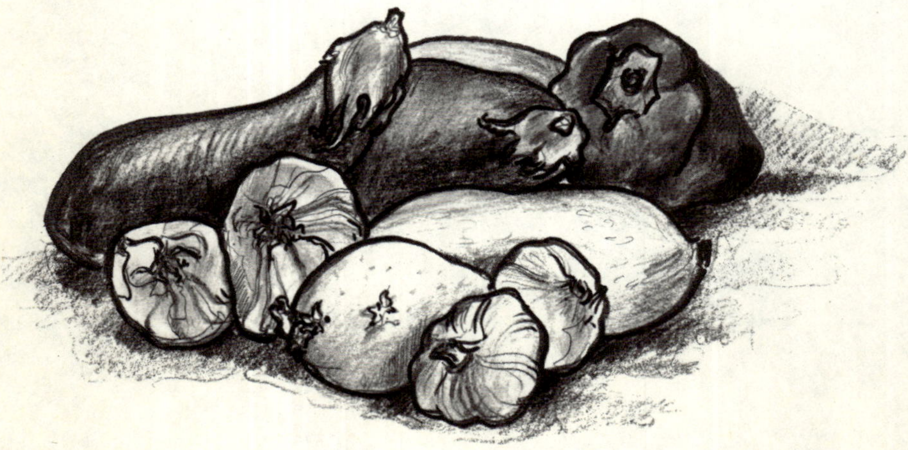

Una altra recepta de vena de coll

En una cassola fregim el xai, i quan és ros el retirem. A la mateixa cassola fem un sofregit de ceba i tomàquet, i quan és fet hi afegim el xai.

Tot seguit, fregim un trosset de pa en una cassola amb oli calent i el posem en un morter, juntament amb els grans d'all i el julivert. Ho piquem tot plegat i ho cobrim amb aigua fins a la meitat del morter. Després ho afegim a la cassola on hi ha el xai i ho deixem bullir a foc lent.

Netegem les albergínies, les escapcem i les partim en quatre talls llargs, fent el que antigament anomenàvem corretjons. Si els talls d'albergínia són molt llargs, els tornem a tallar pel mig i els posem en una escorredora amb un pols de sal.

En una paella fregim les albergínies, que prèviament haurem esbandit, escorregut i enfarinat, i finalment les afegim a la cassola. Ho deixem al foc una bona estona més i ho servim.

Rostits

Cassola de rostit

Ingredients

- 3/4 de pollastre
- 3/4 de conill
- 150 g de llom a rodanxes
- 150 g de cansalada
- 2 botifarres crues
- 1 botifarra negra
- 1 cabeça d'alls
- 1 fulla de llorer
- 12 cebes petites
- 2 tomàquets

Tallem el pollastre i el conill i en fem sis trossos de cada un. Els salem i empebrem i, juntament amb el llom i les botifarres, els posem en una cassola amb una mica d'oli i de greix, i ho anem girant de tant en tant perquè quedi ben daurat. Quan sigui a mig coure, hi afegim les cebes, els alls i les herbes, i després els tomàquets a trossos. Quan tot sigui cuit, hi posem la botifarra negra. Ho flamejarem amb una mica de conyac al final, i ja ho tindrem llest per servir.

Rostit d'ànec

Ingredients

- 1 ànec i mig
- 3 costelles de porc
- 6 botifarres de carn crua
- 6 cebes petites
- 3 cabeces d'alls
- sal
- pebre
- conyac

En una cassola amb oli i a foc viu posem a rostir l'ànec tallat i les costelles partides per la meitat. Quan sigui daurat, hi posem la sal i el pebre, les cebes, els alls, les botifarres i un raig de conyac i ho tapem fins que quedi ben cuit.

Si cal, hi afegim una mica d'aigua.

Espatlla de cabrit rostida

Agafem l'espatlla i la preparem, el dia abans, amb sal i pebre.

Posem la cassola al foc amb greix i oli. Quan sigui calent, hi posem l'espatlla i l'anem girant fins que quedi ben rossa. Tot seguit, hi afegim un got de vi blanc i deixem que vagi fent xup-xup.

Quan l'espatlla sigui una mica cuita, hi afegim les cebes petites, les pastanagues i els alls, i deixem que vagi bullint una estona més fins que l'espatlla quedi ben cuita.

(Si quan bull es queda sense suc, cal que hi tirem una mica d'aigua.)

Ingredients

- 1 espatlla de cabrit
- 6 cebes petites
- 6 pastanagues
- 12 alls
- sal
- pebre
- greix
- oli
- 1 got de vi blanc

Colomí rostit

Posem el colomí a la cassola amb meitat de greix i meitat d'oli, la ceba, l'all, un canó de canyella i la sal. Quan tot sigui ros, hi afegim dos gots d'aigua. Ho deixem al foc que es vagi coent a poc a poc, i quan sembli que és cuit ja ho podem treure del foc i servir-ho.

Per saber si és cuit, hem de punxar el colomí amb un escuradents i l'hem de trobar tou.

Ingredients

- 6 colomins
- 3 o 4 cebes petites
- 1 cabeça d'alls
- un canó de canyella
- greix
- oli i sal

Llengua de vedella rostida

Ingredients

- 1 llengua de vedella
- 1 ceba
- 1 pastanaga
- llorer
- julivert
- farigola
- pebre
- sal
- greix o oli
- got de vi blanc
- 500 g de pinetells

La llengua pot ser de vaca, vedella, porc o moltó. La posarem amb aigua bullent durant 2 minuts, perquè després, rascant-la fortament amb un ganivet, en puguem treure fàcilment la pell dura que la cobreix.

Una vegada neta la posem en una cassola, damunt d'un tou format per mitja ceba, una pastanaga, una fulla de llorer, un ramet de julivert, farigola i un xic de pebre. Després hi tirem la sal corresponent, hi afegim llard o bé oli i ho fem coure fins que les herbes i les verdures quedin ben sofregides. A continuació, hi afegim un got de vi blanc, i quan aquest hagi minvat bastant, hi tirem l'aigua en quantitat suficient per cobrir la llengua, i ho deixem coure.

Quan la llengua sigui cuita i la salsa ben reduïda, ho colem tot plegat i ens sortirà una salsa espessa, que és el que necessitem.

Per quan s'acabi de guisar la llengua, cal procurar tenir a punt una quantitat suficient de pinetells, cuits a la graella i ben amanits amb sal, oli, all i julivert trinxat.

Per servir-ho, farem la llengua a talls i els posarem en una plata, acompanyats dels pinetells, tot plegat ben ruixat amb la salseta.

Si volem també ho podem presentar a la taula amb els pinetells en una plata a part.

Rostit de pagès

Rostim el conill, el pollastre i la costella de porc amb oli i llard. Quan sigui daurat, hi afegim la ceba, la cabeça d'alls i una pastanaga. Passats alguns minuts, hi posem mig got de vi ranci i ho deixem a foc lent.

A part fem les mandonguilles, ben rodones, les envoltem amb el tel de fetge de porc i les daurem en una paella amb oli. Un cop daurades les afegim al rostit. Llavors fregim les patates amb oli ben calent en una paella i quan siguin rosses també les afegim al rostit. Deixarem que es faci tot junt fins que sigui ben cuit.

Ingredients

- 6 talls de pollastre
- 6 talls de costella de porc
- 6 talls de conill
- 1 ceba
- 1 cabeça d'alls
- 1 pastanaga
- tel de fetge de porc
- oli
- llard
- sal
- pebre
- mig got de vi ranci
- 12 mandonguilles
- 12 patates petites

Rostit de conill i botifarres amb guarnició

Ingredients

- 2 conills
- 6 botifarres
- 6 cebes petites
- 1 cabeça d'alls
- 6 patates petites
- 6 tomàquets
- canyella
- sal
- pebre
- oli
- llard
- 1 copa de vi ranci
- 1 ramet d'herbes

Salem i empebrem el conill i el col·loquem en una cassola de terra on ja haurem posat una mica de llard i oli d'oliva. Hi afegim la canyella, els alls, la ceba i les herbes i ho posem al forn. Passada una estona, i quan el conill ja sigui ros d'un costat, el girem i hi posem les botifarres i el vi ranci. Quan agafa el color ja és cuit.

Pollastre de pagès rostit amb botifarres

Salem i empebrem el pollastre i el col·loquem en una llauna per posar al forn. Tot seguit hi afegim l'oli, el greix, la canyella, la ceba i els alls, i ho posem al forn, que ha de ser ben calent.

Passada una estona, quan el pollastre sigui a mig fer, hi posem les botifarres, i de tant en tant tombem el pollastre. Quan aquest ja comenci a agafar color, el ruixem amb un xic de conyac.

Per saber si el pollastre ja és cuit només cal que el punxem de tant en tant, i quan notem que és tou, ja el tindrem llest.

Ingredients

- 2 pollastres
- 6 botifarres
- 1 cabeça d'alls
- 2 cebes
- canyella
- sal
- oli
- pebre
- greix de porc
- 1 copa de conyac

Rostit de pagès acompanyat de patates

Ingredients

- 1 pollastre de pagès
- 1 conill
- 3 botifarres
- 6 cebes petites
- 1 ceba grossa
- 20 patates ben petites
- 2 pastanagues
- 1 tomàquet
- 1 cabeça d'alls
- 1 fulla de llorer
- sal i pebre
- oli i greix
- 1 copeta de conyac
- 1 raig de vi blanc

Tallem el pollastre i el conill a trossos, els salem i empebrem. Els posem a enrossir en una paella amb oli i una miqueta de greix. Quan siguin ben daurats, els posem en una cassola, també amb oli i greix, amb la cabeça d'alls, la ceba grossa i la fulla de llorer. Quan ho tinguem tot ben calent, hi afegim el vi blanc i el conyac i ho deixem a foc més aviat lent durant 1 hora.

Quan sigui a mitja cocció, hi afegim la pastanaga i el tomàquet. Perquè no s'agafi a la cassola ho anem sacsejant de tant en tant.

A part, fregim les patates ben rodonetes i petites i les cebetes, i quan siguin cuites, les botifarres.

Quan la carn ja sigui rostida, hi afegim les botifarres, les patates i les cebetes i ho deixem coure 20 minuts més amb la cassola tapada, perquè es barregin els gustos.

Vedella rostida amb botifarres

Lliguem la llata de vedella i la freguem amb oli i una mica de pebre. En una cassola amb oli, la fem enrossir a foc ràpid per tal que quedi rostida de fora i tendra de dins.

Quan la vedella sigui rossa, hi posem les cebes, el tomàquet i una copa de conyac. Ho deixem coure tot plegat una estona i, seguidament, traiem la vedella de la cassola i hi deixem la resta a foc lent.

Quan la vedella s'hagi refredat, la tallem a talls prims i la tornem a la cassola amb la ceba, el tomàquet i el conyac, i ho deixem tot plegat de nou a foc lent fins que la vedella sigui ben cuita.

(La cocció de la vedella es pot comprovar amb un escuradents.)

Ingredients

- 1 kg i mig de llata de vedella
- 3 botifarres de carn crua
- 6 cebes mitjanes
- 1 tomàquet
- 1 copa de conyac
- oli
- sal
- pebre

Rostit de pollastre i conill amb mandonguilles

Ingredients

- 1 pollastre
- 1 conill
- 1 ceba
- 1 cabeça d'alls
- 1 copeta de conyac
- 1 copeta de vi dolç
- oli i sal

Per a les mandonguilles

- 750 g de carn picada
- 1 ou
- all i julivert
- pa mullat amb llet

Salpebrem el pollastre i el conill tallat a vuitens i ho posem en una cassola que pugui anar al forn, amb oli i una cullerada de greix. El forn ha d'estar a una temperatura elevada. Hi introduïm la cassola i la hi deixem fins que quedi ros. Després hi posem la ceba, els alls, una mica de canyella i ho ruixem amb conyac i vi dolç. No la traiem fins que sigui cuit.

A part, fem les mandonguilles amb la carn i tots els ingredients ben barrejats. A mesura que es vagin fent, les fregim i les posem en el rostit perquè n'agafi el gust.

Rostit de pollastre, conill i botifarres

Primerament, salem i empebrem el conill i el pollastre, que abans haurem tallat a trossos.

Tot seguit, en una cassola posem oli, les cabeces d'alls, el conill i el pollastre, i ho deixem que vagi coent. En un cassó a part fem coure les cebes amb mantega.

Un cop el pollastre i el conill siguin mig cuits, hi afegim les botifarres. Quan agafin color, hi aboquem la copa de conyac perquè tot quedi ben ros. Llavors hi afegim les cebes que ja tenim cuites, i a foc lent ho deixem coure tot junt.

Ingredients

- 1 pollastre
- 1 conill
- 6 botifarres
- 12 cebes petites
- 3 cabeces d'alls
- 1 copa de conyac
- sal
- oli
- pebre

Ànec rostit amb costelló de porc i botifarres

Ingredients

- 2 ànecs
- 3 costelles de porc partides
- 6 botifarres
- 6 cebes petites
- 2 cabeces d'alls
- oli, sal i pebre
- un gotet de conyac

En una cassola amb oli calent, hi posem l'ànec tallat a trossos i el costelló de porc, tot salat i empebrat.

Quan sigui mig cuit, hi afegim les cebes pelades i les cabeces d'alls, les botifarres i el conyac, i ho deixem enrossir. Quan sigui ros, ho deixem a foc baix fins que ja el tinguem ben cuit.

Patates bufades

Podem fer servir qualsevol tipus de patata. Hem de tallar les patates al llarg i en rodanxes d'uns tres mil·límetres de gruix. No es poden mullar i les hem d'eixugar amb un drap. No les salem fins que no siguin fregides. Posem les patates en una paella amb oli quan es comenci a escalfar, les saltem una mica, les retirem del foc i deixem que es refredin.

En el mateix oli ben calent hi posem només les que càpiguen a tota la superfície de la paella. Veurem com s'inflen i es torren; llavors ja les podem fer servir d'acompanyament de rostits.

Rostit de pollastre i de conill

Tallem el pollastre i el conill en vuit trossos cadascun.

En una cassola de terra posem oli d'oliva i greix de porc. Salpebrem els talls de conill i pollastre i els afegim a la cassola, on els deixarem coure durant 20 minuts i els anirem girant de tant en tant fins que tot plegat agafi un to daurat. Tot seguit, hi posem les cebetes petites, els tomàquets, els alls, les herbes, el vi ranci i el conyac. Ho deixem coure a poc a poc durant aproximadament 1 hora i mitja.

Ingredients

- 1 pollastre
- 1 conill
- 5 cebes petites
- 2 tomàquets
- 2 cabeces d'alls
- 1 ramet d'herbes: orenga, farigola, salsa de pastor, llor, canyella.
- 1 got de vi ranci
- unes gotes de conyac
- sal
- oli
- greix de porc

Rostit de pollastre

Fem dotze talls del pollastre. Posem oli en una cassola a foc ràpid amb el pollastre amb sal i pebre. Quan sigui ben ros, hi posem les cebes petites, els alls i una cullerada d'aigua. Tapem la cassola i la deixem a foc baix 1 hora i mitja. Vigilem que no s'agafi i quan sigui ben cuit ja ho podem servir.

Ingredients

- 1 pollastre i mig
- 2 cebes mitjanes
- 1 cabeça d'alls
- oli
- sal
- pebre

Postres

Coca de la tieta

Ingredients

- 400 g de farina
- 100 g de farina d'ametlla
- 450 g de sucre
- 6 ous
- 1 got de llet
- 1 gotet d'oli
- 2 llimones
- 1 paquet de llevat
- 150 g d'ametlles filetejades o pinyons
- sucre de llustre
- un pols de sal
- 1 full de paper de barba

Batem els ous amb el sucre i un pols de sal fins que la barreja sigui una mica escumosa. Hi barregem l'oli, la llet, les pells de les llimones ratllades i la farina d'ametlles. Finalment, hi aboquem la farina de blat passada per un sedàs juntament amb el llevat. Ho barregem bé i ho posem en un motllo folrat amb paper de barba. Hi posem les ametlles filetejades o els pinyons per sobre i un xic de sucre de llustre. Ho posem al forn prèviament escalfat a 170 °C durant 45 minuts o 1 hora depenent del forn.

S'ha de procurar no obrir el forn fins que no hagi finalitzat la cocció.

Aquesta coca, com tantes altres, admet moltes variacions: afegir-hi anís, fruites seques, greixons, etc.

Coca de pa de pessic amb pinyons

Ingredients

- 250 g de sucre
- 250 g de farina
- 5 ous
- 1 llimona
- 2 sobres de llevat
- 100 g de pinyons
- un polsim de sal
- mantega

En un bol, hi posem la farina, el sucre, les clares dels ous batuts, els rovells d'ou, la pell de la llimona ratllada i la sal. Ho treballem tot fins que estigui ben remenat, i finalment hi afegim el llevat.

Posem tota la barreja en una plata amb el fons cobert de paper d'alumini untat amb la mantega. Al cim de la barreja hi posem els pinyons. Escalfem el forn, i un cop ja sigui calent hi posem la plata a coure durant 30 minuts aproximadament.

Coca de iogurt

Ingredients

- 1 iogurt
- 3 ous
- 1 paquet de llevat
- 3 iogurts de farina
- 2 iogurts de sucre
- 2 cullerades d'oli
- 1 llimona
- mantega

Barregem el iogurt amb l'oli, el sucre, els rovells d'ou, la pell de la llimona ratllada, la farina i el llevat. Ho barregem bé i seguidament hi afegim les clares muntades dels ous.

Preparem una llauna per anar al forn i la untem de mantega, l'empolvorem de farina i tot seguit hi afegim la pasta.

Posem la plata al forn, que haurem escalfat prèviament, i la deixem coure 25 minuts sense obrir el forn. Transcorregut aquest temps, podem comprovar si la coca ja és cuita.

Per tal que no s'abaixi el biscuit de la coca, cal deixar-la 5 minuts més dins del forn ja apagat; després l'obrim i no la traiem fins no sigui ben freda.

Bunyols de poma

Ingredients

- 2 pomes
- 1 ou
- sucre
- farina
- oli
- anís

Pelem les pomes i les tallem a talls petits, tenint en compte que amb aquests talls farem els bunyols. Posem els talls en un plat, hi afegim unes gotetes d'anís i els deixem una estona.

Posem la farina, el rovell d'ou, unes gotes d'oli i una miqueta d'aigua en un plat soper i ho remenem bé fins a formar una pasta espessa i sense grumolls. Seguidament, hi barregem la clara d'ou, que prèviament haurem batut amb una forquilla en un altre plat.

Posem una paella al foc amb oli, un cop calent agafem els trossets de poma i els passem un per un per la pasta per tal de cobrir-los bé i els anem posant a la paella a coure.

Quan siguin rossos de tots els costats, els traiem de la paella, els escorrem bé l'oli, els empolvorem de sucre i els col·loquem en una plata. Els bunyols ja estan a punt per menjar.

Aquesta recepta, com podeu suposar, és per a pocs bunyols. Si en voleu fer molts, caldrà que calculeu les quantitats.

També cal dir que aquests bunyols es poden fer amb qualsevol tipus de fruita.

Coca de poma

Encenem el forn per aconseguir una temperatura de 180 °C aproximadament.

En un bol posem els iogurts, el sucre i els rovells d'ou i ho barregem tot plegat. A part, muntem les clares dels ous i quan estiguin ben muntades les afegim a la barreja anterior, juntament amb l'oli. Anem incorporant a la barreja, de mica en mica, la farina barrejada amb el llevat fins que tot plegat ens quedi ben batut.

Agafem una plata per anar al forn i la untem amb mantega, hi posem la pasta preparada i per sobre hi anem col·locant les làmines de poma, l'una al costat de l'altra fent files.

Si la temperatura del forn ja és l'adequada, ja podem posar la plata al forn.

La massa ha d'anar augmentant de volum i, quan ja no creixi, hi posem per sobre el sucre i ho ruixem amb unes gotes d'anís.

Abaixem la temperatura del forn i esperem que s'acabi de coure.

Si punxant la coca amb un escuradents surt sec, vol dir que ja és cuita. Si de sobre no ha agafat un color daurat, la podem enrossir amb el grill.

Ingredients

- 2 iogurts de llimona
- 6 ous
- 6 iogurts de farina
- 3 iogurts de sucre
- mig iogurt d'oli
- 2 sobres de llevat
- 3 o 4 pomes tallades a làmines ben primes
mantega
- anís

Coca de nous

Ingredients

- 500 g de nous
- 200 g de sucre
- 200 g de mantega
- 100 g de farina
- 5 ous

Preparem les nous trinxades ben petites i les guardem.

Fem un batut amb la mantega, el sucre i els rovells dels ous, fins que la barreja quedi ben cremosa.

Batem, a part, les clares fins a punt de neu.

Barregem les nous reservades amb la farina, la barreja cremosa de la mantega, el sucre i els ous, i les clares muntades.

Untem un motlle amb mantega i l'empolvorem de farina. Hi posem la pasta i ho posem al forn fins que sigui ben cuit.

Coca de llardons

Barregem en una batedora els ous, el sucre, l'aigua, la llet, el conyac i la pell de la llimona ratllada. Un cop feta la barreja, hi afegim la farina, el llevat i els llardons, que prèviament haurem picat ben fins.

Col·loquem la pasta en un motllo o plata, que untarem amb mantega i posarem al forn durant uns 30 minuts. Quan ja hagi pujat una mica la pasta, la pintem amb el rovell de l'ou, l'empolvorem de sucre, hi posem els pinyons i ho deixem acabar d'enrossir.

Ingredients

- 2 ous
- 150 g de sucre
- 1 copeta de licor d'aigua
- 1 copeta de licor d'oli
- 1 gotet de llet
- 1 cullerada de conyac
- 1 llimona
- 200 g de farina de blat
- 1 sobre de llevat
- 50 g de pinyons
- 100 g de llardons
- mantega

Pastes amb cabell d'àngel

Barregem la farina, el sucre i la sal fent una pasta homogènia. Un cop acabada la pasta, l'aplanem amb un rodet, de manera que ens quedi ben fina. Tallem la planxa de pasta en tires de deu centímetres d'amplada. Farcim la pasta amb la melmelada de cabell d'àngel i l'emboliquem.

Pintem la pasta sencera per sobre amb rovell d'ou i l'empolvorem amb el sucre i les ametlles perquè s'enganxin a la pasta.

Seguidament, tallem la tira a peces petites, a la mida que vulguem, i les posem al forn durant 15 minuts a 170 °C.

Ingredients

- 500 g de farina
- 400 g de sucre
- 1 pessic de sal
- 500 g de melmelada de cabell d'àngel

Flam de llet i ou casolà

Ingredients

- 70 g de sucre
- 125 g de sucre en pols
- 500 ml de llet
- 2 branques de canyella
- 4 ous

Posem una cassola al foc amb el sucre remullat amb unes gotes d'aigua i el deixem coure lentament sense deixar de remenar-lo fins que agafi un color de caramel maco, un color més aviat viu que no pàl·lid. Tot seguit, l'aboquem en el fons d'un motllo gran per fer el flam, repartint el sucre tant com puguem en el fons i les parets.

En una olla, coem la llet i hi afegim la canyella.

Batem els ous sencers, amb el sucre en pols, amb una batedora, i ho incorporem de seguida a la llet cuita amb la canyella. Ho batem una mica més, passem aquest líquid per un colador ben fi i l'incorporem al motllo on hem posat el caramel de sucre.

Ho posem a coure al bany maria en el forn anant amb compte que l'aigua no arrenqui mai el bull, i passats 30 minuts ja el tindrem fet.

El deixem refredar per complet i el servim bolcat en una plata, posant-li el caramel del motllo per sobre.

Crema de castanyes

Ingredients
- 24 castanyes
- 500 ml de llet
- vainilla
- 4 ous
- 4 cullerades soperes de sucre
- 1 pols de farina
- 12 melindros

Aquestes són unes postres que haurem de situar tant en l'espai com en el temps. És per això que l'abundor d'aquests fruits a la comarca fa que a la tardor es pugui elaborar amb més facilitat aquest plat amb productes del país.

Pelem les castanyes i les fem bullir amb aigua. Una vegada cuites els traiem la pell interior i les passem per un colador, fent una mena de puré.

Bullim la llet amb la vainilla. Quan hagi bullit prou, retirem la vainilla i hi afegim el puré de castanyes.

En una cassola posem els quatre rovells dels ous, el sucre i la farina, ho remenem bé i ho afegim de seguida al puré de castanyes.

Coem la crema lentament, amb foc lent sense deixar de remenar ni un moment perquè no s'agafi i, així que comenci a espessir-se i estigui a punt d'arrencar el bull, la retirem del foc i l'aboquem als sis plats o cassoletes amb què la vulguem servir a taula, i la deixem refredar.

Quan servim la crema a taula, acompanyarem cada plat de dos melindros.

Galetes de l'Ànna

Ingredients

- 150 g de sucre
- 150 g de mantega
- 200 g de farina
- 100 g d'avellana
- el suc d'una taronja no gaire grossa
- 1 ou

Amb la farina fem un forat i hi posem el sucre, la mantega, l'avellana, el rovell de l'ou i el suc de la taronja. Ho barregem ben pastat fins que la pasta resti un xic més atepeïda que la de fer bunyols. Estirem la pasta amb un corró o una ampolla de vidre rodona i, quan la tenim d'un gruix aproximat de tres mil·límetres, la tallem en la forma de galeta que vulguem, en aquest cas d'uns quatre centímetres de diàmetre. Pintem les galetes amb la clara d'ou i les empolvorem per damunt amb el sucre. Les col·loquem en una plata plana metàl·lica i les posem al forn fins que quedin ben rosses.

Índexs

Índex de receptes

Primers

Plats únics

Cargols

Bacallà i altres peixos

Aviram

Conill

Porc

Vedella

Xai i cabrit

Rostits

Postres

Índex de consells per a la cuina